FANTASTISK INGEN BAGNING OSTEKAGER KOGEBOG

100 læskende ostekageopskrifter uden bagning til dessertelskere med tips og teknikker til at løfte dit ostekagespil og imponere dine gæster

Lene Bergström

Copyright materiale ©2023

Alle rettigheder forbeholdes

Ingen del af denne bog må bruges eller transmitteres i nogen form eller på nogen måde uden korrekt skriftligt samtykke fra udgiveren og copyright-indehaveren, bortset fra korte citater brugt i en anmeldelse. Denne bog bør ikke betragtes som en erstatning for medicinsk, juridisk eller anden professionel rådgivning.

INDHOLDSFORTEGNELSE

INDHOLDSFORTEGNELSE 3
INTRODUKTION 7
BLOMSTERKÆGER 8
    1. Ingen bagning Rose Cheesecake 9
    2. Ingen bagning Hibiscus Cheesecakes 11
    3. Ingen bagning Spiselige Blomster Mini Cheesecakes 14
    4. Ingen bagning Butterfly Pea Cheesecake 17
    5. Ingen bagning Blueberry Lavendel Cheesecake 20
    6. Ingen bagning Jasmine Cheesecake 23
FRUGT OSTEKAGER 25
    7. Ingen bagning Hindbær Citron Cheesecake 26
    8. Ingen bagning Lime Cheesecake 29
    9. Ingen bagning Triple Berry Cheesecake 32
    10. Ingen bagning Blackberry Chokolade Cheesecake Cups 34
    11. Ingen bagning Abrikos cheesecake 36
    12. Ingen bagning Strawberry Cheesecake 38
    13. Ingen bagning blåbær cheesecake 40
    14. Ingen bagning Æble cheesecake 42
    15. Ingen bagning Mango cheesecake 44
    16. Ingen Bage Banana Cream Cheesecake 46
    17. Ingen bagning Vegan Berry cheesecake 49
    18. Ingen bagning Hindbær Cheesecake Trøfler 51
    19. Ingen bagning Banana Oreo Cheesecake 53
    20. Ingen bagning Passionfruit Cheesecake 56
NØDDE OSTEKAGER 59
    21. Ingen bagning Appelsin og macadamia cheesecake 60
    22. Ingen bagning Mandel Cheesecake 63

23. Ingen bagning chokolade hasselnødde cheesecake 65

24. Ingen bagning Mandel & Blåbær Cheesecake 67

25. Ingen bagning Mandelmel Cheesecake 69

VEGGIE OSTEKAGER 73

26. Ingen bagning Ube Cheesecake 74

27. Ingen bagning Pumpkin Pie Cheesecake 77

28. Ingen bagning Cheesecake med avocado og lime 79

29. Ingen bagning Gingersnap Pumpkin Cheesecake 82

30. Ingen bagning Pumpkin Pie Cheesecake Tart 84

URTEDE OSTEKAGER 86

31. Ingen bagning Basilikum, lime og jordbær cheesecake 87

32. Ingen bagning Matcha cheesecake 90

33. Ingen bagning Sød Basilikum & Citron Cheesecake 92

34. Ingen bagning Mint cheesecake 95

35. Ingen bagning Rosemary Honning Cheesecake 98

36. Ingen bagning Mint Nektarine Cheesecake Tart 101

37. Ingen bagning ingefær og koriander cheesecake 104

KAGER OG SLIK 107

38. Ingen bagning Toblerone cheesecake 108

39. Ingen bagning Cookie Crumble Cheesecake 110

40. Ingen bagning Oreo Cheesecake 112

41. Ingen bagning Funfetti Oreo Fødselsdagskage Cheesecake 114

42. Ingen bagning Coconut macaroon cheesecake 117

43. Ingen bagning Choc Chip Cannoli Cheesecake 119

44. Ingen bagning Double Chokolade Cheesecake 121

45. Ingen bagning Mokka Cheesecake 125

46. Ingen bagning Peanut Butter Cheesecake Bombs 128

DRIFTIGE OSTEKAGER 130

47. Ingen bagning Rum æggesnaps cheesecake 131

48. Ingen Bag Margarita Cheesecake 134

49. Ingen bagning Pina colada cheesecake 136

50. Ingen bagning Vodka Toffee æble Cheesecake 138

BAGTE OSTEKAGER **141**

51. Strawberry Cheesecake French Toast 142

52. Blåbær citron cheesecake havre 144

53. Jordbær cheesecake pandekager 146

54. Frossen figen cheesecake 148

55. Vegansk Berry cheesecake 151

56. Mango cheesecake 153

57. Blåbær cheesecake 155

58. Tranebærappelsincheesecake 158

59. Cheesecake med citronskal 160

60. Ananas-cheesecakes på hovedet 162

61. Mandarin cheesecake 165

62. Valnøddeostkage 167

63. Macadamia & lime ukrudtskage 169

64. Blåbær cheesecake 172

65. Glutenfri Mandelmel Cheesecake 174

66. Fluffy japansk ostekage 178

67. Dobbelt Chokolade Fudge Cheesecake 180

68. Japansk cheesecake 183

69. Græskar Cheesecake 185

70. Pumpkin Patch Cheesecake 187

71. Pumpkin Pie Cheesecake skåle 189

72. Mini Monster Cheesecakes 192

73. Individuelle Key Lime Cheesecakes 194

74. Papkasse Ovn Cheesecake 197

75. Low-Carb key lime cheesecakes 199

76. Cottage cheese Cheesecake 202

77. No-bage græskar skorpe Cheesecake 204

78. Ingen bage blandet bær Yuzu Cheesecake 206

79. Cheesecake Cupcakes 209

80. Custard Cup Cheesecake cupcakes 211

81. Cheesecake Bars 213

82. Græskar Cheesecake Bars 215

83. Frosne Chokolade Peanut Butter Cheesecake Bombs 217

84. Hindbærostkagetrøfler 219

85. Småkager & Cream Cheesecake Bites 221

86. Air Fryer Cheesecake Bites 223

87. Græskartærte cheesecake tærte 225

88. Amaretto cheesecake tærter 227

89. Cheesecake is 229

90. Cheesecake Sherbet 231

91. Cheesecake Ice Cream Opskrift 233

92. Blueberry Cheesecake Ice Cream 235

93. Æble-Osteis 238

94. Cherry Cheesecake Ice Cream 240

95. Røget laks Cheesecake 242

96. Kylling-chili cheesecake 244

97. Krabbekød cheesecakes med krabbe 246

98. Daiquiri cheesecake 249

99. Pina colada cheesecake 251

100. Kahlua og fløde cheesecake 253

KONKLUSION **255**

INTRODUKTION

Hvis du er en cheesecake-elsker, men ikke vil bruge timer i køkkenet på at bage, så er Ingen bagning ostekager-kogebogen perfekt til dig. Med 100 lækre og nemme at lave opskrifter på cheesecake uden bage, vil du aldrig løbe tør for ideer til en sød lækkerbisken.

Fra klassiske smagsvarianter som chokolade og jordbær til mere unikke kombinationer som jordnøddesmør og gelé eller blåbærcitron, er der en cheesecake-opskrift til enhver smagsløg. Du finder også veganske og glutenfrie muligheder, så alle kan nyde den cremede godhed.

Ud over traditionelle cheesecakes indeholder kogebogen opskrifter på cheesecake-barer, cheesecake-bid og endda cheesecake-is. Der er opskrifter til alle lejligheder, uanset om du ønsker at imponere gæster til et middagsselskab eller blot ønsker at forkæle dig selv på en doven weekend.

Hver opskrift kommer med trin-for-trin instruktioner og smukke billeder til at guide dig gennem processen. Du finder også nyttige tips til udskiftning af ingredienser og dekorationsideer for at tage dit cheesecake-spil til næste niveau.

Så uanset om du er nybegynder eller erfaren bager, har Ingen bagning ostekager-kogebogen noget for enhver smag. Gør dig klar til at hengive dig til den rige og cremede verden af ostekager uden bagning.

BLOMSTERKÆGER

1. Ingen bagning Rose Cheesecake

Gør: 4 portioner

INGREDIENSER

TIL KIKSBASEN

- 50 g Mariekiks
- 20 g smeltet smør

TIL OSTEKAGEMIXEN

- 150 g flødeost
- 75 g piskefløde
- 20 g flormelis
- Rose essens
- Pink Food Color et par dråber

INSTRUKTIONER

a) Kværn kiksene, tilsæt smeltet smør og bland, indtil de er inkorporeret.

b) Læg en 5" firkantet kagering på et serveringsfad, overfør kikseblandingen og fordel den jævnt med en ske.

c) Tryk den godt ned. Stil på køl i 5-10 minutter.

d) I en skål kombineres flødeost, flormelis, rosenessens og pink madfarve. Pisk til cremet.

e) I en anden skål piskes piskefløden, indtil der dannes bløde toppe.

f) Overfør flødeskummet i portioner og fold det sammen med flødeostblandingen.

g) Når ingredienserne er godt indarbejdet, overføres flødeostblandingen til den forberedte kiksebund.

h) Plan og glat toppen.

i) Pynt med rosenblade og pistacienødder.

j) Dæk med husholdningsfilm og stil på køl natten over.

k) Næste dag fjernes kageringen forsigtigt, cheesecaken skæres i skiver og serveres.

2. Ingen bagning Hibiscus Cheesecakes

Gør: 3 portioner

INGREDIENSER
GRUNDLAG:
- 6 Digestive kiks
- ⅛ kop smeltet smør
- 1 tsk honning

FYLDNING:
- ¼ kop mascarpone ost
- ½ kop flødeskum, pisket
- 1/4 kop tørrede Hibiscus blomster, vasket
- 7 gram Gelatine, blomstret
- ¼ kop ricinussukker

AT TJENE
- Hibiscus sirup
- Kandiserede hibiscus blomster

INSTRUKTIONER
SÅDAN LAVER DU BASE:
a) Knus kiks i en røremaskine og tilsæt så meget smør, der skal til for at binde dem sammen.
b) Tilføj honning til det.
c) Tryk dette i en lille bageform, og stil det på køl i 30 minutter.
d) Blond nu gelatinen i koldt vand i 10 minutter og varm den i mikroovnen i et par sekunder og hold den til side.
AT LAVE FYLDNING:
e) I en skål tilsættes mascarponeost, flødeskum, tørrede og knuste hibiscusblomster, blomstret gelatine og ricinussukker.
f) Fløde alle ingredienserne.
g) Hæld det over kiksebunden og stil på køl i 3 timer.
AT SAMLE:
h) Server hibiscus cheesecake med sirup og kandiserede blomster.

3. Ingen bagning Spiselige Blomster Mini Cheesecakes

Gør: 18 mini cheesecakes

INGREDIENSER
SKORPE
- 2 kopper graham cracker krummer
- 5 spsk lys brunt sukker
- 8 spsk usaltet smør, smeltet

FYLDNING
- 16 ounce flødeost, blødgjort
- ⅔ kop ekstra fint granuleret sukker
- 2 store æg
- 1 tsk vaniljeekstrakt eller vaniljestangpasta
- ⅔ kop creme fraiche

PYNT
- En håndfuld spiselige blomster, stilke fjernet, vasket og tørret
- 1 æggehvide
- 1 tsk granuleret sukker

INSTRUKTIONER
a) Til skorpen røres graham cracker-krummer, brun farin og smeltet smør sammen. Tryk cirka 2 spsk krummer i 18 papirbeklædte muffinskopper.

b) Pisk flødeost ved middel hastighed, indtil det er glat, skrab skålen ned efter behov. Tilsæt sukker og pisk til det er lyst og luftigt.

c) Tilsæt æg og vanilje og pisk til det er cremet.

d) Rør creme fraiche.

e) Fordel cheesecake-fyldet ligeligt mellem 18 muffinskopper, og hæld ca. 2 spiseskefulde fyld i hver.

f) Sæt spiselige blomster på et papirhåndklæde. Pensl et let lag æg over en blomst og drys derefter let med sukker og gentag.
g) Arranger 1-3 blomster ovenpå hver mini cheesecake.
h) Frys i mindst 2 timer, indtil ostekagerne ikke længere ser våde ud, men centrene stadig rykker.
i) Inden pladerne placeres cheesecakes i fryseren i 15 minutter.
j) Fjern og skræl straks papirbeklædningerne væk.
k) Sæt på et fad eller individuelle desserttallerkener og server.

4. Ingen bagning Butterfly Pea Cheesecake

Giver: 6 portioner

INGREDIENSER
- 1 tsk vanilje- eller mandelessens

OSTEKAGEFYLD
- 750 g Silken Tofu
- 4 g Agar Agar Pulver
- 170 g sukkerfri erythritol
- 1,5 tsk Sommerfugleærtepulver

OSTERKAGEBUND
- ½ kop Digestive kiks
- 65 ml kokosolie, smeltet

INSTRUKTIONER

a) For at lave cheesecake-bunden skal du knuse digestive cookies i en plastikmadpose med en kagerulle.

b) Overfør derefter småkagekrummerne til en skål, hæld smeltet kokosolie i og bland godt.

c) Overfør småkageblandingen til cheesecake-formen.

d) Tryk krummerne fast med bagsiden af en ske ned i bunden for at komprimere dem og skabe et jævnt lag.

e) Stil den derefter i køleskabet i en time eller frys den i 30 minutter, indtil kagebunden er stivnet og stivnet.

f) Skyl og dræn imens silketofuen for at fjerne saltlagevandet.

g) Skær tofublokken i tern, kom dem i en foodprocessor og blend, indtil den er glat og cremet.

h) Overfør den blandede tofu i en gryde og hæld agarpulveret i lidt ad gangen for at undgå klumper, og rør indtil det er inkorporeret.

i) Rør derefter sukkeret eller erythritolsødemidlet i for at få et lavt sukkerindhold efterfulgt af mandel- eller vaniljeessensen, hvis du bruger det.
j) Bring tofublandingen let i kog og lad den simre ved svag varme i 3 minutter for at aktivere agaren.
k) Rør blandingen, mens den koger, for at forhindre, at den klæber til bunden af gryden og brænder på.
l) Hæld derefter en tredjedel af tofucremen over den kolde kiksebund.
m) Bank kagedåsen på bordpladen for at fjerne luftbobler og jævn tofufyldet med en spatel eller bagsiden af en ske.
n) I en lille kop opløs sommerfugleærtepulveret i lidt tofucreme, indtil du ikke har nogen klumper.
o) Bland derefter den blå ærteblanding i de resterende to tredjedele af tofucremen.
p) Rør godt rundt, indtil du har en ensartet blue cheesecake-creme.
q) Hæld forsigtigt den blå tofucreme over det hvide tofulag.
r) Igen banker du kageformen på bordpladen for at fjerne luftbobler og jævner det blå tofufyld med en spatel eller bagsiden af en ske.
s) Pak formen ind med husholdningsfilm og stil sommerfuglærte-cheesecaken på køl i 2-3 timer eller indtil fyldet er stivnet.
t) Stil formen på et højt glas, lås op eller løsn kageformsringen, og skub den forsigtigt nedad.
u) Når den er frigjort, overfør sommerfugleærte-cheesecaken på et serveringsfad, fjern kageformsbunden og pynt kagen efter din smag.

5. Ingen bagning Blueberry Lavendel Cheesecake

Giver: 6 portioner

INGREDIENSER
SKORPE
- 110 gram glutenfri grahams kiks fint knust (ca. 1 kop)
- ½ tsk tørrede spiselige lavendelknopper groft malet
- 4 spsk smør smeltet

BLÅBÆR TOPPING
- 1½ dl blåbær
- ¼ kop vand
- 3 spsk økologisk rørsukker
- ½ tsk citronskal
- ¼ tsk vaniljeekstrakt
- knivspids salt
- ¾ teskefuld tørrede spiselige lavendelknopper

OSTEKAGEFYLD
- ¾ kop tung fløde afkølet
- 8 ounce flødeost, ved stuetemperatur
- 4 ounce gedeost, ved stuetemperatur
- ½ kop økologisk rørsukker
- 2 tsk citronskal
- 1 tsk vaniljeekstrakt
- ½ tsk tørrede spiselige lavendelknopper groft malet

INSTRUKTIONER

a) Kom graham-kiksene i en foodprocessor. Bearbejd indtil de har en fin, sandet tekstur. Overfør til en mellemstor skål. Tilsæt lavendel, salt og smør. Bland godt med en gaffel for at inkorporere smør i alle krummerne. Læg et rundt stykke bagepapir i bunden af din springform. Pres krummer med en ske og hænder ned i bunden og lidt mindre end ½ op ad siderne. Sørg for at trykke fast. Sæt i fryseren.

b) Kom 1 kop af blåbærene og vandet i en foodprocessor og blend indtil de er skåret i små stykker. Tøm blandingen i en lille gryde. Tilsæt sukker, citronskal, vanilje og salt. Lad det simre ved middel varme under konstant omrøring.

c) Tilsæt den resterende halvdel af blåbærene. Placer lavendel i en genanvendelig tepose eller pose med ostelærred, forsegl den og tilsæt saucen. Reducer varmen og fortsæt med at røre, mens lavendelen trækker. Når saucen er tyknet, i cirka 10 minutter, tages den af varmen.

d) Fortsæt med at trække lavendel i yderligere 15 til 20 minutter. Fjern derefter teposen eller posen. Lad saucen køle helt af.

e) I en stor skål piskes den tunge fløde med en elektrisk mixer, indtil der dannes bløde toppe. I en anden stor skål skal du bruge mixeren til at piske flødeost, gedeost, sukker, citronskal og lavendel. Når blandingen er helt blandet, brug en spatel til forsigtigt at folde flødeskummet i.

f) Tag skorpen ud af fryseren og hæld fyldet i. Jævn med en stor ske. Stil på køl i minimum fire timer bedst natten over. Når den er klar til servering, tages den ud af køleskabet og frigøres fra springformen.

g) Hæld en rigelig mængde blåbærsauce på toppen, og skær straks. Cheesecake holder sig i 4 dage i køleskabet.

6. Ingen bagning Jasmin Cheesecake

Giver: 6 portioner

INGREDIENSER

- 1 kiksebund

TIL CREMMEN:

- 400 gram labneh ost
- 1 kop yoghurt
- 2 spsk ristet mandelmel
- 1 tsk vanilje
- 1 glas sukker

JASMIN TE:

- 2 spsk jasminte, tørre hele blade eller 4 teposer med jasmin
- 2½ kopper nedkølet mælk

INSTRUKTIONER

JASMIN TE:

a) Varm op til 1 kop mælk, fjern den fra komfuret og kom jasminte i den.

b) Vent i 10 minutter og stil på køl i cirka 1 time til afkøling.

FLØDE:

c) Bland flødeost og sukker i en røremaskine.

d) Tilsæt 1½ kopper kold mælk og den jasminmælk, du har forberedt. Bland i i alt 2 minutter.

e) Tilsæt yoghurt, vanilje og ristet mandelmel og pisk i endnu et minut ved lav hastighed.

f) Hæld kiksene på bunden og fordel med en ske.

g) Lad stå i køleskabet natten over.

AT TJENE:

h) Tag cheesecaken ud af formen og læg den forsigtigt på et serveringsfad.

i) Pynt med jasminblomster og server i skiver.

FRUGT OSTEKAGER

7. Ingen bagning Hindbær Citron Cheesecake

Gør: 6

INGREDIENSER: SKORPE:
- 1½ Graham-krummer
- 4 spiseskefulde smeltet smør

CITRONOSEKAGEFYLD:
- 16 ounce flødeost, stuetemp
- ½ kop creme fraiche
- 1 spsk mælk
- 1 tsk vaniljeekstrakt
- 1 kop sundt organisk pulveriseret sukker
- citronskal
- 1 spiseskefuld citronsaft

AT SAMLE
- 1 kop hindbærsauce
- Whoftecreme
- Citronskive
- Hindbær

INSTRUKTIONER:
SÅDAN LAVER DU SKORPE:
a) Tilsæt grahamskrummer med smeltet smør i en skål. Bland godt og stil til side.

SÅDAN LAVER DU FYLDET AF CITRONOSEKAGE:
b) Tilsæt flødeost, cremefraiche, mælk og vaniljeekstrakt i en skål. Bland på højkant med en håndmixer, indtil det er glat. Tilsæt pulveriseret sukker, citronskal og citronsaft og bland igen. Skrab skålen ned, og tilsæt den derefter til en sprøjtepose.

AT SAMLE:
c) I en 4 ounce murerkrukke tilsættes 2-3 spiseskefulde af grahamsskorpeblandingen og tæmmes ned. Rør derefter cheesecakeblandingen i. Ryst glasset for at flade cheesecakeblandingen ud.

d) Tilsæt en skefuld hindbærsauce, og top med flødeskum, citronskive og hindbær.

e) God fornøjelse!

8. Ingen bagning Lime Cheesecake

Giver: 8 portioner

INGREDIENSER:
- ¾ kop graham cracker krummer
- 1 spsk sukker
- 3 spsk smør, smeltet

FYLDNING:
- To 8 ounce pakker flødeost, blødgjort
- ¾ kop sukker
- ¼ kop creme fraiche
- 3 tsk revet limeskal
- 1 spsk limesaft
- 1 tsk vaniljeekstrakt
- 2 store æg, stuetemperatur, let pisket
- Limeskiver og flødeskum

INSTRUKTIONER:
a) Placer bordskånindsatsen og 1 kop vand i en 6-qt. elektrisk trykkoger. Smør en 6-in. springform; læg på en dobbelt tykkelse af kraftig folie.
b) Pak sikkert rundt om panden.
c) Kombiner kikskrummer og sukker i en lille skål. Rør smeltet smør i. Tryk på bunden og op ad siderne af den forberedte pande. Sæt i fryseren.
d) Pisk i mellemtiden flødeost og sukker i en stor skål, indtil det er glat. Pisk creme fraiche, limeskal, limesaft og vanilje i.
e) Tilføj æg; pisk på lav hastighed lige indtil det er blandet.
f) Hæld i forberedt gryde. Dæk panden med folie.
g) Fold et stykke folie på langs i tredjedele, lav en slynge. Brug sejlet til at sænke gryden ned på bordskånet.

h) Lås låget; luk trykudløserventilen.
i) Juster til højtrykkogning i 50 minutter. Lad trykket slippe naturligt i 10 minutter; hurtig frigør eventuelt resterende tryk. Brug en folieslynge og fjern forsigtigt springformen. Lad stå i 10 minutter.
j) Fjern folien fra panden. Afkøl cheesecake på en rist i 1 time.
k) Løsn siden fra panden med en kniv. Stil på køl natten over, dæk til når den er afkølet. Til servering fjernes kanten fra springformen.
l) Pynt med limeskiver og flødeskum.

9. Ingen bagning Triple Berry Cheesecake

Giver: 12 portioner

INGREDIENSER:
- 1-½ kopper graham cracker krummer
- ⅓ kop pakket brun farin
- ½ tsk stødt kanel
- ½ kop smør, smeltet

FYLDNING:
- To 8-ounce pakker flødeost, blødgjort
- ⅓ kop sukker
- 2 tsk citronsaft
- 2 kopper kraftig piskefløde

TOPPING:
- 2 kopper skåret friske jordbær
- 1 kop friske blåbær
- 1 kop friske hindbær
- 2 spsk sukker

INSTRUKTIONER:

a) Bland kikskrummer, brun farin og kanel i en lille skål; rør smør i.
b) Tryk på bunden af en usmurt 9-tommer springform. Stil på køl i 30 minutter.
c) Pisk flødeost, sukker og citronsaft i en stor skål, indtil det er glat. Tilsæt gradvist fløde; pisk indtil stive toppe dannes. Overfør til forberedt skorpe. Stil på køl og dæk til natten over.
d) I en skål, smid forsigtigt bær med sukker. Lad stå, indtil saften er frigivet fra bær, 15-30 minutter.
e) Med en kniv løsnes siden af cheesecaken fra panden; fjern fælgen. Server cheesecake med topping.

10. Ingen bagning Blackberry Chokolade Cheesecake Cups

Giver: 6 portioner

INGREDIENSER:
- 1½ kopper miniature kringler
- 2 spiseskefulde plus ⅓ kop sukker, delt
- 3 spsk smør, smeltet
- 1 kop kraftig piskefløde
- 8 ounce flødeost, blødgjort
- ½ kop konditorsukker
- 1 tsk vaniljeekstrakt
- ½ kop hvide bagechips
- 1½ dl friske brombær
- Yderligere brombær

INSTRUKTIONER:

a) Puls kringler i en foodprocessor, indtil der dannes fine krummer. Tilsæt 2 spsk granuleret sukker og det smeltede smør; puls lige indtil kombineret. Fordel blandingen mellem 6 halvliters dåseglas eller dessertretter.

b) Til cheesecake-laget piskes fløde, indtil der dannes stive toppe. Pisk flødeost, konditorsukker og vanilje i en anden skål, indtil det er glat. Fold 1-½ kopper af flødeskum i, og bag derefter chips. Hæld kringleblandingen over. Afkøl, tildækket, indtil det er koldt, cirka 3 timer.

c) I mellemtiden purér 1-½ dl brombær i en ren foodprocessor med den resterende ⅓ kop sukker; tages op i en skål. Dæk og stil bærblandingen og den resterende flødeskum på køl indtil servering.

d) Til servering toppes med brombærblanding, reserveret flødeskum og yderligere brombær.

11. Ingen bagning Abrikos cheesecake

Giver: 1 portion

INGREDIENSER:
- 17 ounce Abrikoshalvdele, drænet og juice reserveret
- 1 kuvert med gelatine, uden smag
- ⅓ kop sukker
- 16 ounce flødeost
- 1 tsk vaniljeekstrakt
- 1 tærtebund, chokoladewafer

INSTRUKTIONER:
a) I en blender eller foodprocessor purér 10 abrikoshalvdele med reserveret sirup; varme til kogning.
b) I mellemtiden, i en stor skål, bland unflavored gelatine med sukker; tilsæt varm væske og rør, indtil gelatinen er helt opløst i ca. 5 minutter.
c) Med en elektrisk mixer, slå flødeost og vanilje i, indtil glat; lad stå i 10 minutter.
d) Hæld i forberedt skorpe; chill indtil fast. Pynt med de resterende abrikoshalvdele, skåret i skiver og, hvis det ønskes, piskefløde.

12. Ingen bagning Strawberry Cheesecake

Giver: 1 portion

INGREDIENSER:
- 1 Graham cracker tærtebund
- 8 ounce flødeost, blødgjort
- ⅓ kop sukker
- 1 kop creme fraiche
- 2 tsk vanilje
- 8 ounce pisket topping, frosset
- Jordbær, friske til pynt

INSTRUKTIONER:
a) Pisk osten jævn, pisk gradvist sukker i.
b) Blend creme fraiche og vanilje i.
c) Fold pisket topping i, blend godt.
d) Hæld i skorpen. chill indtil sæt, mindst 4 timer.
e) Pynt med friske jordbær til pynt.

13. Ingen bagning blåbær cheesecake

Giver: 1 portion

INGREDIENSER:
- ½ kop sukker
- 2 spsk majsstivelse
- ¾ kop koldt vand
- 1 pint friske blåbær
- 8 ounce flødeost
- 3 spsk Konditorsukker
- 1 tsk vanilje
- 1 graham cracker pie Crust

INSTRUKTIONER:

a) Bland sukker og majsstivelse i en mellemstor gryde. Rør i vand, indtil det er blandet.

b) Tilsæt 1 kop blåbær. Rør over medium varme, indtil blandingen tykner og koger.

c) Reducer varmen og lad det simre i 2 minutter under konstant omrøring, indtil bærrene slipper deres saft.

d) Fjern fra varmen og rør de resterende bær i. Afkøl til stuetemperatur.

e) Pisk ost, konditorsukker og vanilje i en skål, indtil det er godt blandet. Fordel over bunden af skorpen. Dæk med blåbærblanding.

f) Stil på køl i 2 timer eller indtil godt afkølet.

14. Ingen bagning æble cheesecake

Giver: 4 portioner

INGREDIENSER:
- 6 spiseskefulde gelatine uden smag
- 1 kop kogende vand
- 2 pund flødeost
- 2 kopper konditorsukker
- 1 kop tung fløde, let pisket

KRUMME BASE:
- 2 kopper Graham cracker krummer
- 2 spsk sukker
- 2 røde æbler, udkernede, skåret i skiver og hakket
- ½ kop hakkede valnødder

INSTRUKTIONER:

a) Smør en 12-tommer springform og beklæd bunden med vokspapir. Opløs gelatine i vand i en lille skål og lad det køle af.

b) Pisk flødeost og konditorsukker sammen til det er let og luftigt. Tilsæt gelatine og pisk indtil det er grundigt blandet.

c) Fold kraftig flødeskum i og vend blandingen i en forberedt gryde og afkøl. Blend graham cracker-krummer, sukker og smør.

d) Drys blandingen over den afkølede cheesecake. Pres krummer let ned i overfladen.

e) Vend cheesecaken med krummesiden nedad og tag den ud af formen. Top med hakkede æbler og valnødder. Hæld generøst karamelsauce over toppen. R

15. Ingen bagning Mango cheesecake

Giver: 4 portioner

INGREDIENSER:

- 150g Arnotts Marie-kiks
- 80 g smør, smeltet
- 2 pakker flødeost, ved stuetemperatur
- ½ kop flormelis
- 300 ml fortykket fløde, pisket
- 1 spsk gelatine
- ¼ kop varmt vand
- 4 mangoer, skrællet og skåret i skiver
- 2 spsk limesaft
- 1 mango, skrællet og hakket, til servering

INSTRUKTIONER:

a) Forbered kiks i en foodprocessor, indtil de er fint knust. Tilsæt smør og puls for at kombinere. Tryk over bunden af en 20 cm springform. Afkøl i 15 minutter eller indtil den er fast.

b) Brug i mellemtiden en elektrisk røremaskine til at piske flødeost og sukker i en skål, indtil det er glat og cremet. Vend cremen i.

c) Pisk gelatine og varmt vand i en lille skål, indtil gelatinen er opløst. Rør ¼ kop af flødeostblandingen i gelatineblandingen, tilsæt derefter til den resterende blanding og bland godt. Hæld halvdelen af flødeostblandingen over kiksebunden. Top med halvdelen af mangoskiverne, derefter den resterende flødeostblanding. Stil på køl natten over eller indtil den er fast.

d) Tag cheesecaken ud af køleskabet 15 minutter før servering. For at lave coulis, læg mango og limesaft i en blender og pulsér, indtil det er glat.

e) Anret den resterende mango i skiver over cheesecaken og dryp over coulisen.

16. Ingen bage banancreme cheesecake

Giver: 4 portioner

INGREDIENSER:

TIL BUDDINGEN:
- 3,4 ounce Banana Cream Pudding blanding
- 1 ¾ kop mælk

TIL SKORPEN:
- 11-ounce æske Wafers cookies
- ¾ kop usaltet smør, smeltet

TIL OSTEKAGEN:
- To 8-ounce pakker flødeost, blødgjort
- ½ kop granuleret sukker
- 2 spsk kraftig piskefløde
- 1 tsk vaniljeekstrakt

TIL TOPPINGEN:
- 12-ounce Cool Whip, optøet, delt
- 3 store bananer, skåret i skiver
- 6 vafler, knuste, til pynt

INSTRUKTIONER

TIL BUDDINGEN:

a) Forbered først buddingblandingen, så den har et par minutter til at køle af og tykne, før du samler cheesecaken.

b) I en lille skål piskes buddingblandingen og mælken sammen, indtil den er glat. Stil på køl i 5 minutter, indtil klar til at samles.

TIL SKORPEN:

c) Smør let bunden af en 9-tommer springform med bagespray. Sæt til side.

d) I en foodprocessor maler du vaniljevaflerne til en fin krumme.

e) Tilsæt det smeltede smør og bland med en gaffel.

f) Hæld skorpeblandingen i bunden af springformen og tryk godt til for at skabe en tyk skorpe! Sæt til side.

TIL OSTEKAGEN:

g) Pisk flødeost med sukker i 3-4 minutter, indtil det er let og luftigt. Tilsæt piskefløde og vanilje og pisk yderligere 2-3 minutter, skrab ned i siderne af skålen efter behov.

a) Hæld cheesecake-fyldet i den forberedte skorpe.

AT SAMLE:

a) Når du har hældt dit cheesecake-fyld på din skorpe, skal du tilføje dine skivede bananer til toppen af cheesecaken.

b) Tag din buddingblanding ud af køleskabet og hæld den over de skivede bananer.

c) Top alt med 8 oz af den optøede Cool Whip.

d) Stil hele kagen på køl i mindst 3 timer.

e) Når du er klar til servering, brug dine 6 reserverede cookies og knus dem. Drys over toppen af Cool Whip.

17. Ingen bagning Vegan Berry cheesecake

Gør: 6

INGREDIENSER:
- Fire 8 ounce pakker vegansk flødeost
- 0,5 ounce Agar Agar + 1 kop varmt vand
- 3 ounce vegansk citronjello + 1 kop varmt vand
- ¼ kop pulveriseret sukker
- oblater
- Friske jordbær eller hindbær
- To 3 ounce æsker med vegansk jordbærgelo

INSTRUKTIONER:
a) Opløs 2 pakker Agar og 1 kop citrongelo i en kop varmt vand.
b) Når osten er klar, piskes den i cirka 2 minutter, eller indtil den er luftig.
c) Agar Agar og gelé skal tilsættes lidt ad gangen.
d) Bland indtil alle klumper er væk. Tilsæt sukkeret og fortsæt med at piske indtil alt er godt blandet.
e) Læg vaniljeskiver i bunden af springformen. Fyld gryden med flødeostblandingen. Stil på køl i mindst 2 timer.
f) Lav jordbærgelo med halvdelen af mængden vand.
g) Lad afkøling i et par minutter.
h) Læg jordbær ovenpå osteblandingen, der er sat. Stil den på køl, indtil geléen stivner, og hæld den derefter over jordbærene.

18. Ingen bagning Hindbær Cheesecake Trøfler

Gør: 10

INGREDIENSER:
- 2 spiseskefulde tung creme
- 8 ounces flødeost, blødgjort
- ½ kop pulveriseret Swerve
- Knip havsalt
- 1 tsk Vanilje Stevia
- 1 ½ tsk hindbærekstrakt
- 2-3 dråber naturlig rød madfarve
- ¼ kop kokosolie, smeltet
- 1 ½ kopper chokoladechips, sukkerfri

INSTRUKTIONER:
a) Til at begynde skal du bruge en mixer til at kombinere din swerve og flødeost grundigt, indtil den er cremet.
b) Kombiner fløde, hindbærekstrakt, stevia, salt og madfarve i en stor røreskål.
c) Vær sikker på, at alt er godt kombineret.
d) Tilsæt din kokosolie og blend på høj, indtil alt er grundigt blandet.
e) Glem ikke at skrabe siderne af din skål ned så ofte, som du har brug for at afslutte. Lad det stå i køleskabet i en time. Hæld dejen i en kugle, der er cirka ¼-tommer i diameter, og derefter på en bageplade, der er forberedt med bagepapir.
f) Frys denne blanding i en time, og overtræk den derefter med din smeltede chokolade for at afslutte den! Den skal stilles i køleskabet i endnu en time for at stivne inden servering.

19. Ingen bagning Banana Oreo Cheesecake

Gør: 8

INGREDIENSER
- 200 g Oreos
- 60 g usaltet smør
- 3 bananer skåret i skiver

TOPPING:
- 200 ml dobbelt creme
- 1 pose Vege Gel
- 400 g flødeost
- 1 tsk vaniljeekstrakt
- 120 g flormelis
- 50 g Oreos ødelagt

PYNT
- 50 g Oreos til at dekorere ødelagte

INSTRUKTIONER

a) Beklæd en 20 cm springform med bagepapir.
b) Placer 200 g Oreos i 2 plastikmadposer og knus dem med en kagerulle for at danne krummer.
c) Smelt smørret i en gryde ved svag varme, og rør derefter Oreo-krummerne i.
d) Hæld krummeblandingen i formen og flad den jævnt ud.
e) Fordel bananskiverne over bunden.
f) Pisk fløden med et piskeris til den danner bløde toppe.
g) Fyld grøntsagsgelen op ved at drysse den på 200 ml koldt vand og blande den derefter i kog i en gryde.
h) Stil til side til afkøling i 5 min.
i) Kom flødeost, sukker og vaniljeekstrakt i en skål og bland godt, bland derefter fløden i.
j) Hæld vege-gelen i og pisk med et stort piskeris, indtil det er grundigt blandet.
k) Fold de ødelagte Oreos ind.
l) Hæld blandingen på kiksebunden og glat den ud med en spatel.
m) Afkøl i køleskabet i minimum 3 timer for at sætte sig.
n) Når den er sat pynt cheesecake med knækkede Oreos.

20. Ingen bagning Passionfruit Cheesecake

Gør: 12

INGREDIENSER
TIL KIKSBASEN
- 200 g Gingernøddekiks aka gingersnaps
- 100 g smør

TIL OSTEKAGEFYLDET
- 400 g Fuldfed Philadelphia flødeost
- 100 g strøsukker
- 2 gelatineblade platinkvalitet, brug 3 for et fastere sæt
- 200 ml Dobbelt creme
- 100 g græsk yoghurt
- 15 ml limesaft
- 2 tsk vaniljebønnepasta
- 100 ml passionsfrugtpuré

TIL PASSIONFRUGT GELETOPPINGEN
- 100 ml passionsfrugtpuré
- 100 ml passionsfrugt frugtkød
- 75 g strøsukker
- 2 gelatineblade

INSTRUKTIONER
KIKS BASE
a) Bearbejd ingefærkiksene i en foodprocessor, indtil de ligner fine brødkrummer.
b) Smelt smørret og rør det i kiksekrummerne.
c) Hæld denne blanding i bunden af bageformen og tryk ned til niveau.

OSTEKAGEFYLD
a) Kom 2 gelatineblade i en skål fyldt med koldt vand. Lad stå i 5-19 minutter, indtil den er blød.

b) Pisk flødeost og sukker sammen, til det er glat.
c) Tilsæt græsk yoghurt og vaniljekornspasta og bland i.
d) Varm derefter passionsfrugtmosen og limesaften sammen i en gryde, indtil den er varm.
e) Dræn gelatinepladerne fra vandet, tilsæt i gryden og bland, indtil de er opløst.
f) Pisk frugtsaften i cheesecake-dejen – hurtigt hurtigt, når væsken er hældt i, for at undgå at den begynder at stivne.
g) Tilsæt fløden og pisk til den er tyk nok til, at en ske kan stå op i den.
h) Hæld på kiksebunden og jævn med en sløv kniv. Afkøl i 3 timer.

PASSIONFRUGT GELETOPPING

a) Læg de resterende 2 gelatineblade i koldt vand og lad dem blive bløde.
b) Kom passionsfrugtpuréen og den friske passionsfrugtmasse i en lille gryde sammen med sukkeret og opvarm til omkring 60C/120F, indtil sukkeret er opløst.
c) Dræn gelatinen, tilsæt til gryden og rør rundt for at opløse.
d) Lad afkøle til omkring 40C/80F og hæld derefter over toppen af cheesecaken.
e) Stil cheesecaken tilbage i køleskabet i yderligere 3 timer.

NØDDE OSTEKAGER

21. Ingen bagning Orange og macadamia cheesecake

Giver: 4 portioner

INGREDIENSER
FYLDNING
- 1 kop appelsinjuice
- 1 kop flormelis
- 4 æg, adskilt
- 2 appelsiner, fintrevet skal
- 1½ spsk gelatine
- ⅓ kop netop kogt vand
- To 8-ounce pakker flødeost, ved stuetemperatur
- 1 kop fortykket fløde, pisket

APPELSIN OG MACADAMIA OSTEKAGE
- ¾ kop hvedekiks, i stykker
- ¾ kop macadamias, let knust
- ½ kop smør, smeltet
- ¼ tsk stødt kanel
- orange segmenter, til servering

INSTRUKTIONER
APPELSIN OG MACADAMIA OSTEKAGE
a) Smør en springform på 28 cm let.
b) Kom kiks og halvdelen af nødderne i en foodprocessor og forarbejd til de er fint knust. Tilsæt smør og kanel. Process indtil kombineret.
c) Tryk blandingen fast i bunden af den forberedte gryde. Afkøl i 15 minutter, indtil den er fast.

GØR FYLDNING;

a) kom saft, sukker, æggeblommer og skal i en varmefast skål. Pisk en gryde med kogende vand over i 4-5 minutter, indtil det er tykt og skummende. Fjern fra varmen.

b) Imens piskes gelatine i en lille kande i vandet med en gaffel, indtil det er opløst. Afkøl let.

c) I en lille skål pisk flødeost med en elektrisk mixer, indtil det er glat. Bland gradvist i æg- og gelatineblandinger. Overfør blandingen til en stor skål. Fold cremen igennem.

d) Pisk æggehvider i en mellemstor skål, indtil der dannes bløde toppe. Vend i osteblandingen.

e) Hæld i forberedt gryde. Top med de resterende macadamias. Afkøl i 3 timer eller natten over. Server toppet med appelsinstykker.

22. Ingen bagning Mandel Cheesecake

Giver: 4 portioner

INGREDIENSER

TIL FYLDET:
- Tre 8-ounce pakker flødeost
- ½ kop granuleret sukker
- 1 tsk mandelekstrakt
- 1 kop kold tung fløde, pisket

TIL SKORPEN:
- 1½ kopper knuste graham-kiks
- 1 kop malede mandler
- ½ kop granuleret sukker
- 6 spsk usaltet smør, smeltet

TOPPINGS:
- skivede mandler, frugt, bær, chokolade mv.

INSTRUKTIONER

a) Flødeost og sukker fløde.

b) Brug en røremaskine og et piskeristilbehør til at piske den tunge fløde, indtil den er tyk.

c) Bland mandelekstrakt og flødeskum i flødeostblandingen, og stil derefter til side.

d) I en 9 eller 10-tommer springform blandes ingredienserne til skorpen. Klap ned på

e) bunden af gryden og frys i 15 minutter.

f) Fordel cheesecake-fyldet ud over skorpen og glat toppen af cheesecaken.

g) Stil på køl i 12 timer eller natten over.

h) Frys cheesecaken i 10-15 minutter, inden den tages ud af springformen.

23. Ingen bagning chokolade hasselnødde cheesecake

Gør: 10-12 portioner

INGREDIENSER
- 140 g usaltet smør
- 10 ounce digestive kiks, brudt op
- 500 g flødeost, blødgjort
- 85 g flormelis
- 300 ml dobbelt creme
- 1 tsk vaniljeekstrakt
- 15 hasselnøddechokolader
- 4 spsk hasselnøddechokoladepålæg
- 25 g hasselnødder, groft hakket

INSTRUKTIONER

a) Lav cheesecake-bunden: smelt smørret i en lille gryde ved middel varme. Blend kiksene i en foodprocessor til en fin krumme, tilsæt det smeltede smør, og puls det godt sammen. Hæld i en 23 cm springform og tryk godt ned i bunden. Afkøl mens du laver fyldet.

b) Pisk flødeost og flormelis i en skål for at blive blød. Pisk fløde og vanilje i en separat skål, indtil der dannes bløde toppe, og fold dem derefter i flødeosten. Rør de hakkede chokolader igennem. Hæld kiksebunden over og jævn med en spatel. Dæk med husholdningsfilm og stil på køl natten over.

c) Når det har sat sig, lægges chokoladehasselnøddepålæg i en gryde og smeltes ved svag varme i 3-4 min., til det er flydende. lad den køle lidt af, før den fordeles over toppen af cheesecaken. Pynt med de resterende chokolader og nogle hakkede hasselnødder. Chill indtil klar til servering.

24. Ingen bagning Mandel & Blåbær Cheesecake

Gør: 1 cheesecake

INGREDIENSER:

SKORPE
- ½ kop revet kokos
- 1 kop ristede mandler
- 1 spsk kokosolie, smeltet
- 1 tsk vaniljeekstrakt

FYLDNING
- 2 kopper cashewnødder, udblødt i 12 timer, skyllet og drænet
- 3 spsk citronsaft ved stuetemperatur
- ½ kop ahornsirup
- ½ kop kokosolie, smeltet
- 8 dråber infunderet olie - blåbærsmag
- 2 kopper friske blåbær

INSTRUKTIONER:

a) Beklæd en 9-tommer rund kageform med bagepapir.
b) Kom ingredienserne til skorpen i en foodprocessor og blend i 1 minut.
c) Tryk skorpeblandingen på bunden af den forberedte kageform.
d) Glasér skorpen og sæt den i fryseren.
e) Blend alle ingredienserne til fyldet i en blender, til det er glat.
f) Tag den frosne skorpe ud af fryseren og læg den på en bageplade. Hæld cheesecakefyldet ovenpå.
g) Frys cheesecaken 30 minutter før servering.

25. Ingen bagning Mandelmel Cheesecake

Gør: En 7-tommer cheesecake

INGREDIENSER:
TIL SKORPEN
- 2 kopper glutenfri mandelmel
- ¼ tsk salt
- 1½ spsk brun farin
- ¼ kop usaltet smør, smeltet

TIL OSTEKAGEN
- 1 pund flødeost, ved stuetemperatur
- 2 spsk majsstivelse
- ⅔ kop granuleret sukker Knip salt
- ½ kop creme fraiche, ved stuetemperatur
- 2 tsk glutenfri vaniljeekstrakt
- ⅛ teskefuld glutenfri mandelekstrakt
- 2 store æg, ved stuetemperatur
- 1 kop koldt vand

INSTRUKTIONER:
SKORPE
a) Spray let bunden og siderne af en springform med nonstick-spray.
b) Klip en cirkel af bagepapir i samme størrelse som bunden af din springform. Placer pergamentcirklen på bunden af din gryde og spray let med yderligere nonstick-spray. Sæt til side.
c) Bland mandelmel, salt og brun farin i en lille skål. Tilsæt det smeltede smør og rør med en gaffel til det hænger sammen.
d) Hæld skorpeblandingen i den forberedte gryde. Fordel med fingrene og tryk forsigtigt ned for at danne et jævnt lag. Stil gryden i fryseren, mens du laver cheesecakedejen.

OSTEKAGE
e) I en mellemskål, pisk flødeosten med en håndmixer ved lav hastighed, indtil den er glat. Kombiner majsstivelse, granuleret sukker og salt i en lille røreskål. Tilsæt halvdelen af sukkerblandingen til flødeosten og pisk indtil den netop er inkorporeret. Skrab siderne af din skål ned med en spatel.
f) Tilsæt den resterende sukkerblanding og pisk indtil den netop er inkorporeret. Tilsæt cremefraiche og vanilje- og mandelekstrakter til flødeostblandingen. Pisk indtil det lige kommer sammen.
g) Tilsæt æggene, et ad gangen, og skrab skålen godt ned efter hver tilsætning. Overbland ikke.
h) Fjern skorpen fra fryseren. Pak bunden af gryden tæt ind med aluminiumsfolie for at forhindre lækager. Hæld flødeostdejen over skorpen. Bank let på bordpladen for at fjerne luftbobler.
i) Hæld det kolde vand i den inderste gryde på din trykkoger. Læg en bordskåner i gryden. Brug en folieslynge til forsigtigt at

placere cheesecake-formen oven på bordskånet. Sørg for, at panden ikke rører vandet.

j) Luk og lås låget, og sørg for, at dampudløserknappen er i tætningsposition. Kog ved højt tryk i 40 minutter. Når du er færdig, skal du bruge quick-release-metoden ved at dreje udløserknappen til udluftningspositionen og slippe dampen ud.

k) Når flydestiften falder, låses låget op og åbnes forsigtigt. Tør forsigtigt overfladen af cheesecaken med et køkkenrulle for at absorbere eventuel kondens.

l) Fjern forsigtigt cheesecaken og læg den på en rist til afkøling.

m) Når cheesecaken er helt afkølet, læg den i køleskabet i 6 til 8 timer eller natten over. Tag cheesecaken ud af køleskabet, når den er klar til servering. Slip siderne af springformen og kør en tynd kniv mellem bagepapiret og skorpen, og skub derefter forsigtigt over på en serveringsplade.

VEGGIE OSTEKAGER

26. Ingen bagning Ube Cheesecake

Giver: 12 skiver

INGREDIENSER
FYLDNING AF INGREDIENSER
- 2 kopper vegansk flødeost
- 1 kop ube 250 gram
- 1 kop kokosfløde
- ½ kop ahornsirup
- ½ spsk vanilje
- ½ spsk kanel

SKORPE INGREDIENSER
- 2 kopper pekannødder
- ¼ kop kokossukker
- ¼ kop kokosolie
- skvæt vanilje
- knivspids salt

INSTRUKTIONER

a) Start med at vaske og skrælle din ube. Skær den derefter groft i mindre stykker.

b) Læg ubeen i kogende vand og kog i 7-10 minutter, indtil yamsen er superblød og du nemt kan stikke en gaffel ned i den.

c) Når ubeen er kogt, mos den sammen med en gaffel eller kartoffelmoser.

d) Mål 250 gram, hvilket svarer til cirka 1 kop.

e) Tilsæt ube, flødeost, kokosfløde, ahornsirup, vanilje og kanel til en foodprocessor og blend alle ingredienserne, indtil de er super glat.

f) Jeg blendede min i mindst fem minutter ved høj hastighed, fordi jeg ville have en super glat tekstur.

g) Når cheesecakefyldet er cremet og glat, sættes det til side.
h) Til en ren foodprocessor, tilsæt pekannødder, sukker, kokosolie, vanilje og salt. Puls dem indtil de er godt blandet.
i) Beklæd en springform med bagepapir og smør den rigeligt med kokosolie.
j) Overfør skorpefyldet til gryden. Det kan godt være lidt blødt og flydende, men det er okay, fordi det vil stivne i køleskabet.
k) Brug en ske til at sikre, at det er jævnt fordelt på panden.
l) Hæld nu cheesecakefyldet oven på skorpen og brug en ske til at glatte toppen ud og skabe et jævnt lag.
m) Stil cheesecaken på køl natten over eller i 6 eller flere timer. Det skal denne tid til at hærde helt.
n) Når kagen er klar, skær den i skiver og nyd den!

27. Ingen bagning Pumpkin Pie Cheesecake

Giver: 2 portioner

INGREDIENSER:
TIL SKORPEN
- ¾ kop mandelmel
- ½ kop hørfrømel
- ¼ kop smør
- 1 tsk Pumpkin Pie Spice
- 25 dråber flydende stevia

TIL FYLDET
- 6 ounces flødeost
- ⅓ kop græskarpuré
- 2 spsk creme fraiche
- ¼ kop Heavy Cream
- 3 spsk Smør
- ¼ teskefuld Pumpkin Pie Spice
- 25 dråber flydende stevia

INSTRUKTIONER:
a) Bland alle skorpens tørre ingredienser grundigt.
b) Mos de tørre ingredienser sammen med smør og flydende stevia, indtil der dannes en dej.
c) Læg dejen i dine minitærteforme.
d) Blend alle fyldets ingredienser med en blender og stil på køl.
e) Efter ca. 5 timer skæres i skiver og toppes med flødeskum.

28. Ingen bagning Cheesecake med avocado og lime

Giver: 4 portioner

INGREDIENSER
TIL BASE
- 8 ounce digestives kiks
- 3 ounce usaltet smør, smeltet
- Skal af ½ lime
- 1 tsk limesaft

TIL OSTEKAGEN
- 10 ounce flødeost
- 7 ounce dobbelt creme til blanding med avocado
- 1 moden avocado
- Saft og skal fra 1 lime
- 1 kop granuleret hvidt sukker
- 3,5 ounce usaltet smør smeltet
- 4 mynteblade
- Nogle mynteblade og appelsin/citron/limeblomster til pynt

INSTRUKTIONER
GRUNDLAG

a) Kom digestivekiksene i en foodprocessor og bland indtil du har krummer.

b) Tilsæt det smeltede smør og limeskal og limesaft, og bland derefter, indtil det hele er jævnt belagt.

c) Hæld blandingen i glassene og pres dem til et jævnt lag med bagsiden af en ske.

FYLDNING

d) Tilsæt alle ingredienser, undtagen det smeltede smør, i en foodprocessor.

e) Bland godt i 3-4 minutter eller indtil alle ingredienser er kombineret.
f) Tilsæt derefter langsomt smørret til blandingen, mens du fortsætter med at blande på lavt niveau.
g) Blandingen skal danne en let flydende konsistens, bare rolig, den tykner af sig selv i køleskabet.
h) Hæld blandingen oven på cheesecake-bunden. Hæld lige til toppen af glasset, og brug derefter bagsiden af en kniv til at 'trimme' toppen, så den får en perfekt glat top.
i) Stil på køl i mindst 2-3 timer før servering. Pynt med nogle kviste frisk mynte, nogle kandiserede limefrugter eller citrusblomster.

29. Ingen bagning Gingersnap Pumpkin Cheesecake

Gør: 1 cheesecake

INGREDIENSER:

- 1½ kop knuste gingersnap cookies
- 1 spiseskefuld smeltet smør
- 16 ounce flødeost
- ½ kop græskarpuré
- 1 spsk mel
- ¼ kop ahornsirup
- ¼ kop brun farin
- 1 tsk græskarkrydderi
- 2 æg

INSTRUKTIONER:

a) Bland gingersnap og smør i en skål. Sæt til side.
b) I en aftagelig bund pande linje med bagepapir. Hæld knust gingersnap-blanding i gryden og flad den ud med et fladbundet glas. Sæt i køleskabet for at stivne.
c) I en anden skål blandes flødeost, græskarpuré, mel, ahornsirup, farin og græskarkrydderi, indtil det er glat. Bland derefter et æg, et ad gangen og bland det, indtil det netop er blandet. Afslut med en spatel. Hæld i forberedt kageform og dæk med folie.
d) Tilsæt 1 kop vand i Multipotten og sæt cheesecake-panden i bordskånet. Sænk ned i den inderste gryde og luk låget. Flyt trykmåleren for at forsegle og tænd for kagefunktionen i 30 minutter.
e) Når det er færdigt, slip for hurtigt tryk og åbn låget i et par minutter for at frigive resten af dampen. Sluk for maskinen og luk låget.
f) Lad det sænke sig naturligt i en time og fjern cheesecaken. Stil i køleskabet i mindst 4-5 timer til afkøling. God fornøjelse!

30. Ingen bagning Pumpkin Pie Cheesecake tærte

Gør: 1

INGREDIENSER:
SKORPEN
- ¾ kop mandelmel
- ½ kop hørfrømel
- ¼ kop smør
- 1 tsk Pumpkin Pie Spice
- 25 dråber flydende stevia

FYLDET
- 6 ounce vegansk flødeost
- ⅓ kop græskarpuré
- 2 spiseskefulde creme fraiche
- ¼ kop Vegansk Heavy Cream
- 3 spiseskefulde smør
- ¼ tsk Pumpkin Pie Spice
- 25 dråber flydende stevia

INSTRUKTIONER:
a) Bland alle skorpens tørre ingredienser og rør grundigt.
b) Mos de tørre ingredienser sammen med smør og flydende stevia, indtil der dannes en dej.
c) Til dine minitærteforme skal du rulle dejen til små kugler.
d) Tryk dejen mod siden af tærteformen, indtil den når og går op ad siderne.
e) Bland alle ingredienserne til fyldet i en røreskål.
f) Blend ingredienserne til fyldningen med en stavblender.
g) Når ingredienserne til fyldet er glatte, fordeles de i skorpen og afkøles.
h) Tag den ud af køleskabet, skær den i skiver og top med flødeskum.

URTEDE OSTEKAGER

31. Ingen bagning cheesecake med basilikum, lime og jordbær

Giver: 8 portioner

INGREDIENSER
BASIL, LIME OG JORDBÆR OSTEKAGE
- madolie spray
- ½ kop skotske fingerkiks
- ½ kop smør, smeltet
- 3 tsk pulveriseret gelatine
- ¼ kop varmt vand
- 1½ kop flødeost, blødgjort
- ½ kop flormelis
- 1 spsk fintrevet limeskal
- 1½ dl fortykket creme
- ½ kop limesaft
- 2 spsk finthakket frisk basilikum
- 2 spsk friske babybasilikumblade
- 2 spsk vand
- ½ kop jordbærsyltetøj
- 1 spsk limesaft
- 8 friske basilikumblade
- 1 kop jordbær, halveret

INSTRUKTIONER
a) Spray en springform med olie; beklæd bunden med bagepapir.
b) Behandl kiks indtil de er fine. Tilsæt smør; proces indtil kombineret.
c) Tryk blandingen godt ned over bunden af gryden. Stil på køl i 30 minutter.

d) Drys gelatine over det varme vand i en lille varmefast kande; Stil kanden i en lille gryde med kogende vand, og rør rundt, indtil gelatine er opløst. Fedt nok.
e) I en mellemstor skål, pisk flødeost og sukker og skal med en elektrisk mixer indtil glat. Tilsæt fløde; pisk indtil glat.
f) Tilsæt saft, den afkølede gelatineblanding og finthakket basilikum; pisk indtil kombineret. Hæld fyld over kiksebunden. Dække over; stilles på køl i cirka 3 timer eller natten over, indtil den er stivnet.
g) Lige før servering toppes cheesecaken med jordbær og sirup; drys med basilikumblade.
h) I en lille gryde røres vand, marmelade, saft og basilikum ved svag varme, indtil syltetøjet smelter. Bring i kog.
i) Fjern fra varmen; rør jordbær i. Fedt nok; kassér basilikum.

32. Ingen bagning Matcha cheesecake

Giver: 8 portioner

INGREDIENSER

- 1 kop butternut snap kiks
- ½ kop smeltet smør
- 2 tsk malet ingefær
- 1 kop blødgjort flødeost
- 1 kop fortykket creme
- 1 spsk citronsaft
- 1 tsk vaniljestangpasta
- 1 tsk matcha pulver plus 1 tsk ekstra
- 2 tsk gelatine
- ¼ kop netop kogt vand
- 1 kop smeltet hvid chokolade

INSTRUKTIONER

a) Smør og beklæd bunden og siderne af en 20 cm springform.

b) Puls kiks til fine krummer i en foodprocessor. Tilsæt smør og ingefær og bland godt. Tryk godt ned over bunden af gryden. Frys i 10 minutter.

c) I en mellemstor skål ved hjælp af en elektrisk mixer, pisk flødeost indtil glat. Pisk fløde, pisket til bløde toppe, citronsaft, vaniljestangpasta og 1 tsk matcha-pulver, indtil det er glat.

d) Drys gelatine over kogt vand og pisk kraftigt med en gaffel for at opløses. Pisk i flødeostblandingen, tilsæt derefter gradvist hvid chokolade, pisk for at kombinere.

e) Hæld fløde-ostblandingen i gryden, og behold ⅓ kop. Pisk ekstra matcha-pulver i den reserverede blanding. Hæld store klatter over cheesecaken og hvirvl forsigtigt igennem med en smørkniv. Afkøl, tildækket, i 4 timer eller natten over. Server med ekstra matcha pulver.

33. Ingen bagning Sød Basilikum & Citron Cheesecake

Giver: 12 portioner

INGREDIENSER
CITRONSKORPE
- 2½ kopper vaniljekagekrummer ¼ kop usaltet smør, smeltet
- 2 spsk citronskal

FYLDNING
- 1¼ kopper kraftig piskefløde, kold
- Tre 8-ounce pakker flødeost, stuetemperatur
- ¾ kopper pulveriseret sukker
- 2 spsk citronsaft
- 1 kop pakket basilikumblade, vasket og tørret
- knivspids salt
- små basilikumblade til pynt vasket og tørret

INSTRUKTIONER
CITRONSKORPE
a) Kom småkagerne i en foodprocessor udstyret med knivtilbehøret og blend indtil du har ret fine krummer.
b) Tilsæt krummerne i en stor røreskål og bland det smeltede smør og citronskal i.
c) Hæld i en 9-tommer springform og tryk den jævnt og fast på bunden. Stil skorpen i køleskabet, mens du laver fyldet.

FYLDNING
d) Brug en el-mixer eller en standmixer udstyret med piskeristilbehøret til at piske fløden til stive toppe. Dette vil tage omkring 2 minutter. Sæt til side.
e) Tilsæt nu flødeost og flormelis til foodprocessoren udstyret med knivtilbehøret. Blend indtil det er helt glat. Tilsæt citronsaft, vanilje, basilikum og en knivspids salt og blend, indtil

basilikummet er grønt. Brug en gummispatel til at tilføje dette til en stor røreskål.

f) Vend flødeskummet ind i osteblandingen lige indtil det er blandet.

g) Tag skorpen ud af køleskabet og hæld fyldet i gryden. Glat toppen og dæk den med plastfolie. Stil på køl natten over.

h) Brug en kniv til at løsne den afkølede cheesecake fra kanten af springformen, og fjern derefter kanten.

i) Pynt med små basilikumblade, skær i skiver og server.

34. Ingen bagning Mint cheesecake

Giver: 4 portioner

INGREDIENSER

MYNTESIRUP
- 1½ dl flormelis
- 2½ dl vand
- mynte blade

KAGESKORPE
- 1 kop chokoladekager
- ½ kop usaltet smør

OSTEKAGEFYLD
- 2 kopper flødeost
- 1 kop frisk kraftig piskefløde
- ½ kop myntesirup
- 10 g gelatine
- ¼ kop mælk
- 1 chokoladebar

INSTRUKTIONER

a) Tilbered myntesiruppen: vask myntebladene og dup dem tørre. Hak mynten i en foodprocessor sammen med halvdelen af sukkeret.
b) Kog vandet op med det resterende sukker.
c) Tilsæt blandingen af mynte og sukker til det kogende vand og kog i 6 minutter.
d) Lad det køle af i 12 timer og filtrer med et fint dørslag
e) Kom siruppen på flaske og opbevar den i køleskabet
f) Forbered cheesecake skorpen: Brug en foodprocessor til at male kagerne
g) Smelt smørret og hæld det på kiksene, bland med en ske.

h) Hæld småkagekrummeblandingen i en springform og tryk den ned i bunden og siderne. Stil denne tærtebund i køleskabet i 10 minutter, før du fylder den.
i) Forbered fyldet: Hæld kraftig piskefløde i en skål og pisk ved høj hastighed. Opbevar det i køleskabet.
j) Bland i en skål flødeosten med myntesirup.
k) Læg gelatinen i blød i koldt vand i et par minutter.
l) Varm lidt mælk op og tilsæt den pressede gelatine. Tilføj denne blanding til skålen med flødeost og myntesirup.
m) Kom flødeskum i dejen.
n) Fordel fyldet i skorpen og stil det på køl i 2 timer.
o) Fjern kanten af springformen og plad cheesecaken.
p) Pynt med chokoladechips og mynteblade.

35. Ingen bagning Rosemary Honning Cheesecake

Giver: 8 portioner

INGREDIENSER
- 400 g flødeost
- 10 ounce dobbelt creme
- 150 g honning
- ½ tsk vaniljekornspasta
- 2 kviste rosmarin
- 200 g digestive kiks
- 50 g valnødder
- 120 g usaltet smør

INSTRUKTIONER

a) Hak rosmarinen fint.
b) Kom halvdelen af rosmarin plus alt smørret i en gryde og smelt ved svag varme. Lad det trække, mens du forbereder resten af bunden.
c) Blitz eller knus digestive kiks og valnødder til et fint pulver.
d) Bland kiks og nøddebund med det smeltede rosmarinsmør til en tyk pasta. Beklæd bunden af springformen med bagepapir og hæld bunden i formen. Sæt i køleskabet og lad det stivne i 15-20 minutter.
e) Pisk imens den dobbelte fløde til den danner stive toppe, og stil til side.
f) Pisk flødeosten, indtil den er let og luftig, og rør derefter vaniljen, den resterende rosmarin og honning i. Pisk igen.
g) Kombiner flødeostblandingen med den dobbelte creme ved hjælp af en spatel.
h) Hæld den kombinerede blanding oven på den indstillede kiksebund, jævn, dæk med husholdningsfilm og sæt tilbage i køleskabet. Lad stå i 1 time for at sætte sig.
i) For at servere skal du skubbe bunden ud af springformen og skubbe cheesecaken fra bunden til en tallerken eller et fad.

36. Ingen bagning Mint Nektarine Cheesecake Tart

Giver: 12 portioner

INGREDIENSER
- 1-ounce gelatine uden smag
- 2 kopper kulsyreholdig citron-lime sodavand, delt
- ½ kop sukker, delt
- 1 kop graham cracker krummer
- ¼ kop smør, smeltet
- 8 ounces flødeost, blødgjort
- 1 tsk citronskal
- 1½ kopper optøet pisket topping
- 1½ kop blandede friske bær
- 1 nektarin, skåret i skiver
- friske mynteblade

INSTRUKTIONER

a) Drys gelatine over ½ kop sodavand i en lille skål. Bring den resterende sodavand i kog i en gryde.

b) Tilføj til gelatine sammen med 2 spsk sukker; rør i 3 min. indtil gelatine er helt opløst.

c) Hæld i en 9-tommer firkantet gryde sprøjtet med madlavningsspray.

d) Stil på køl i 45 min. eller indtil det er lidt fortykket, rør af og til.

e) Kombiner grahamskrummer, smør og 2 spiseskefulde af det resterende sukker; tryk på bunden af en 9-tommer springform. Stil på køl indtil klar til brug.

f) Pisk flødeost, citronskal og resterende sukker i en mellemstor skål med en mixer, indtil det er blandet.

g) Rør forsigtigt i pisket topping; fordeles over skorpen.

h) Pynt toppen af tærten med frugt og mynte, så den ligner blomster.

i) Dæk med en gelatineblanding.

j) Stil på køl i 3 timer eller indtil den er fast. Kør en kniv rundt om kanten af panden for at løsne tærten; fjern kanten af panden inden servering.

37. Ingen bagning ingefær og koriander cheesecake

Giver: 12 portioner

INGREDIENSER:
INGEFFERSKORPE
- 25 gingersnap kiks
- 2 tsk tørret koriander
- 90 g usaltet smør

FYLDNING
- 500 g fuldfed flødeost
- 300 ml tung creme
- 3,5 ounce sukker
- 1 spsk flormelis
- 2 spsk hakket ingefær
- 1 spsk sirup fra stilk ingefærglasset
- Blade fra en 30 g flok frisk koriander
- 1 mango
- 1 spsk gelatine

TOPPING
- 1 mango
- 1 spsk gelatine
- Saft af 1 lime

AT LAVE SKORPEN

a) Start med at vende kiksene i fine krymmel, enten ved hjælp af en foodprocessor eller ved at komme dem i en plasticpose og knuse dem med en kagerulle, og tilsæt den tørre koriander.

b) Smelt smørret og tilsæt til kikseblandingen. Bland det godt sammen og læg det derefter i en 9" springform. Brug bagsiden af en ske til at trykke blandingen ned for at danne en jævnt pakket bund.

c) Overfør til køleskabet for at sætte sig.

AT LAVE FYLDET

d) Purér kødet af 2 mangoer i en blender. Sæt halvdelen i køleskabet til senere.

e) Opløs gelatinen i cirka en tredjedel af et krus varmt vand og lad det køle af.

f) Hak ingefær og frisk koriander meget fint og stil til side.

g) Kombiner flødeost, sukker og flormelis i en stor skål med en ske for at blande kraftigt. Rør derefter mangopuré og gelatine i.

h) I en separat skål piskes fløden, indtil der dannes bløde toppe. Rør dette forsigtigt i flødeostblandingen. Vend forsigtigt ingefær og frisk koriander i, indtil det er jævnt blandet.

i) Hæld blandingen i formen oven på kiksebunden og sæt den i køleskabet. Lad afkøle i mindst 2 timer, før du tilføjer toppingen.

AT LAVE TOPPEN

j) Tilsæt saften af en lime til den resterende mangopuré.

k) Opløs 1 tsk gelatine i cirka 3 spsk varmt vand og tilsæt mangoblandingen under godt omrøring. Hæld toppingen over toppen og fordel den jævnt ud med en ske.

l) Sæt kagen tilbage i køleskabet. Lad det stå på køl i mindst yderligere 3 timer – men helst natten over.

m) Tag det forsigtigt ud af formen og overfør det til et fad eller kagefod.

KAGER OG SLIK

38. Ingen bagning Toblerone cheesecake

Giver: 8 portioner

INGREDIENSER
- ½ kop almindelige chokoladekiks
- ¼ kop malede mandler
- ½ kop saltet smør, smeltet
- 2½ kopper Philadelphia flødeost, blødgjort
- ½ kop flormelis
- 1 kop Toblerone chokolade, smeltet
- ½ kop fortykket creme
- 1 kop Toblerone chokolade, ekstra, revet

INSTRUKTIONER

a) Bearbejd kiks i en foodprocessor, indtil de ligner fine brødkrummer. Tilsæt mandler og smør. Bearbejd yderligere 10 sekunder for at kombinere. Tryk kikskrummer ned i bunden af en let smurt 20 cm springform. Stil på køl i 20 minutter.

b) I mellemtiden pisk flødeost og sukker med en elektrisk mixer, indtil det er glat. Tilsæt smeltet chokolade og fløde. Bland indtil godt kombineret.

c) Hæld blandingen over krummebunden og jævn toppen med en spatel. Stil på køl i 3 timer eller natten over. Til servering toppes cheesecake med revet chokolade.

39. Ingen bagning Cookie Crumble Cheesecake

Gør: 10 portioner

INGREDIENSER:
- 1 kuvert med almindelig gelatine
- ¼ kop kold mælk
- 1 kop mælk, opvarmet til kogning
- 2 pakker flødeost, 8 ounce hver
- ½ kop sukker
- 1 tsk vaniljeekstrakt eller smag
- ½ kop Mini-chokoladechips
- 1 dyb tallerken graham cracker Crust
- 1 kop af dine yndlingskager, groft knust

INSTRUKTIONER:

a) I en blender, drys gelatine over kold mælk; lad stå i 2 min. Tilsæt varm mælk og kør ved lav indtil det er opløst, ca. 2 min.

b) Tilsæt flødeost, sukker og vanilje og kør indtil det er blandet. Arranger chokolade i bunden af skorpen.

c) Hæld gelatineblandingen i; drys med knuste småkager. Afkøl indtil fast, omkring 2 timer.

40. Ingen bagning Oreo Cheesecake

Giver: 16 portioner

INGREDIENSER
- 19,1 oz pakke OREO Cookies, delt
- 6 spsk smør, smeltet
- Fire 8 oz pakker med flødeost, blødgjort
- ¾ kop sukker
- 1 tsk vanilje
- 8 oz balje Cool Whip Whipped Topping, optøet

INSTRUKTIONER:

a) Placer omkring 15 af småkagerne i en Ziploc-pose i gallonstørrelse. Knus småkagerne med en kagerulle. Du skal stadig have nogle pæne bidder.

b) Læg de resterende småkager i en foodprocessor, indtil de bliver fint knust. Bland med smør.

c) Placer de fint knuste cookies på bunden af en 13×9-tommer pande. Tryk dem jævnt ud for at danne skorpen. Stil på køl.

d) Bland derefter flødeost, sukker og vanilje i en røremaskine eller med en håndmikser. Bland indtil godt blandet.

e) Rør forsigtigt pisket topping og hakkede småkager i. Hæld dejen over skorpen og fordel den jævnt ud. Dække over.

f) Stil på køl i 4 timer eller indtil den er fast.

41. Ingen bagning Funfetti Oreo Fødselsdagskage Cheesecake

Gør: 12-14

INGREDIENSER
SKORPE
- 25 gyldne fødselsdagskage Oreos
- 2-3 spsk drys
- ¼ kop smør, smeltet

FYLDNING
- 24 oz flødeost, stuetemperatur
- ½ kop sukker
- 1 tsk vaniljeekstrakt
- 1 kop Funfetti kagemix, ristet
- 2 spsk mælk
- 8 oz kølig pisk
- 1 ½ kop gylden fødselsdagskage Oreo-krummer
- 7–10 gylden fødselsdagskage Oreo, hakket
- 6 spsk drys

PISKETOPPING
- ¾ kop kraftig piskefløde, kold
- 6 spsk pulveriseret sukker
- ½ tsk vaniljeekstrakt
- Golden Birthday Cake Oreo-krummer, valgfri
- Golden Birthday Cake Oreos, skåret i halve

INSTRUKTIONER

a) For at lave skorpen, tilsæt Oreos og drys til en foodprocessor.
b) Puls indtil de danner krummer.
c) Kombiner Oreo-krummerne og drys med det smeltede smør og rør det godt sammen.
d) Tryk krummerne i bunden og halvvejs op ad siderne af en 9-tommer springform. Stil i køleskabet til fast.
e) For at lave fyldet blandes flødeost og sukker i en stor skål med en røremaskine, indtil det er glat og godt blandet.
f) Tilsæt vaniljeekstrakt, kagemix og mælk og bland, indtil det er godt blandet.
g) Fold Cool Whip i.
h) Tilsæt Oreo-krummer, hakkede Oreos og drys, og rør forsigtigt, indtil det er godt blandet.
i) Fordel fyldet jævnt i skorpen og glat toppen. Stil i køleskabet til det er fast, 4-5 timer.
j) Fjern cheesecaken fra panden.
k) For at lave flødeskumstoppingen skal du tilføje den tunge fløde, pulveriseret sukker og vaniljeekstrakt til en stor skål. Pisk ved høj hastighed, indtil der dannes stive toppe.
l) Rør hvirvler af flødeskum rundt om toppen af cheesecaken. Top med yderligere Oreo-krummer og Oreo-halvdele, hvis det ønskes.
m) Stil på køl indtil servering.

42. Ingen bagning kokos macaroon cheesecake

Giver: 8 portioner

INGREDIENSER
- ½ kop almindelige søde kiks
- ½ kop kokosmakroner
- ½ kop smør, smeltet
- 2 tsk gelatine
- 1 spsk vand
- 8-ounce pakke flødeost, blødgjort
- ¼ kop flormelis
- 1 kop kokosfløde
- 1 tsk fintrevet limeskal
- 1½ spsk limesaft

INSTRUKTIONER:

a) Process kiks indtil fine; tilsæt smør, og bearbejd indtil kombineret. Pres blandingen jævnt over bunden og siderne af en 11 cm x 34 cm rektangulær riflet løsbaseret flanform. Læg formen på en bakke og frys ned, mens du laver fyldet.

b) Imens drysses gelatine over vandet i en lille varmefast kande; stil kanden i en lille gryde med kogende vand. Rør indtil gelatine opløses; afkøles i 5 minutter.

c) Pisk flødeost og strøsukker i en lille skål med en elektrisk røremaskine, indtil det er glat. Tilsæt kokosfløde, svær og juice; pisk indtil glat. Rør gelatineblandingen i.

d) Hæld blandingen i krummeskorpen. Dække over; stilles på køl i cirka 3 timer eller indtil den er stivnet.

43. Ingen bagning Choc Chip Cannoli Cheesecake

Giver: 8 portioner

INGREDIENSER:
- 4 ounce cannoli skaller
- ½ kop sukker
- ½ kop graham cracker krummer
- ⅓ kop smør, smeltet

FYLDNING:
- To 8 ounce pakker flødeost, blødgjort
- 1 kop konditorsukker
- ½ tsk revet appelsinskal
- ¼ tsk stødt kanel
- ¾ kop skummet ricottaost
- 1 tsk vaniljeekstrakt
- ½ tsk romekstrakt
- ½ kop halvsød miniature chokoladechips
- Hakkede pistacienødder, valgfri

INSTRUKTIONER:

a) Puls cannoli-skallerne i en foodprocessor, indtil der dannes grove krummer. Tilsæt sukker, kikskrummer og smeltet smør; puls lige indtil kombineret. Tryk på bunden og oversiden af en smurt 9-tommer. tærteplade. Stil på køl, indtil den er fast, cirka 1 time.

b) Pisk de første 4 fyldningsingredienser, indtil de er blandet. Pisk ricottaost og ekstrakter i. Rør chokoladechips i. Fordel i skorpen.

c) Stil den på køl, tildækket, indtil den er stivnet, cirka 4 timer. Top eventuelt med pistacienødder.

44. Ingen bagning Double Chokolade Cheesecake

Giver: 8 skiver

INGREDIENSER:
TIL SKORPEN
- 6,1 ounce æske med glutenfri chokoladekager
- 1 spsk granuleret sukker
- ¼ tsk salt
- 2 spsk usaltet smør, smeltet

TIL OSTEKAGEN
- 1¼ kopper halvsød chokoladechips
- 1 pund flødeost, ved stuetemperatur
- ¾ kop granuleret sukker
- 3 store æg, ved stuetemperatur
- ¼ kop creme fraiche
- 2 tsk glutenfri vaniljeekstrakt
- 1½ dl vand
- Konditorsukker, til afstøvning

INSTRUKTIONER:

SKORPE

a) Spray en springform med nonstick-spray. Skær en pergamentcirkel i samme størrelse som bunden af gryden og læg den i din gryde. Sprøjt pergamentet. Sæt til side.

b) Læg småkagerne i skålen på en foodprocessor og pulsér, indtil de ligner groft sand. Hæld småkagekrummerne i en mellemstor skål og tilsæt sukker og salt. Rør for at kombinere. Tilsæt det smeltede smør og rør, indtil blandingen hænger sammen.

c) Tryk forsigtigt krummerne jævnt på bunden af den forberedte pande. Brug fingrene eller et fladbundet glas til at presse skorpen på plads. Sæt skorpen i fryseren, mens du laver fyldet.

OSTEKAGE

d) Smelt chokoladechipsene ved høj effekt i en medium mikroovnsikker skål, omrør hvert 30. sekund, indtil glat og helt smeltet. Lad afkøle lidt.

e) Pisk flødeosten i skålen med en røremaskine, indtil den er glat. Tilsæt ¾ kop granuleret sukker og fortsæt med at piske. Tilsæt æggene, et ad gangen, pisk i 1 minut og skrab ned i siderne af skålen efter hver tilføjelse. Pisk creme fraiche og vanilje i, indtil det er helt indarbejdet.

f) Med røremaskinen på lav hastighed tilsættes langsomt den afkølede smeltede chokolade. Bland helt i.

g) Hæld fyldet i den forberedte skorpe. Bank fadet på bordet for at fjerne luftbobler.

h) Placer en bordskåne i bunden af den inderste gryde på din trykkoger og tilsæt vandet.

i) Pak bunden af springformen tæt ind i aluminiumsfolie. Spray let et stykke folie med nonstick madlavningsspray og læg det over cheesecaken. Brug en folieslynge, sænk gryden ned på bordskånet.

j) Luk og lås låget, og sørg for, at dampudløserknappen er i tætningsposition. Kog ved højt tryk i 56 minutter. Når det er færdigt, brug en hurtig udløser ved at dreje udløserknappen til udluftningspositionen, hvorved al dampen frigives. Når flydestiften falder, låses låget op og åbnes forsigtigt. Tryk på Annuller.

k) Brug folieslyngen og flyt forsigtigt cheesecaken til en rist. Efter 1 time, fjern folien og kør en tynd kniv rundt om kanterne på cheesecaken for at løsne den fra panden.

l) Dæk med plastfolie og stil på køl i mindst 8 timer eller natten over, indtil den er helt sat.

m) Skær i 8 skiver og server med et drys konditorsukker på toppen.

45. Ingen bagning Mokka Cheesecake

Gør: 12 skiver

INGREDIENSER
KIKS BASE
- 300 g digestives
- 150 g usaltet smør
- 25 g kakaopulver

OSTEKAGEFYLD
- 150 g mælkechokolade
- 2 tsk lejrkaffe
- 500 g fuldfed flødeost
- 100 g flormelis
- 1 tsk vaniljeekstrakt
- 300 ml dobbelt creme

DEKORATION
- 100 g mælkechokolade
- 150 ml dobbelt creme
- 2 spsk flormelis
- 1 tsk lejrkaffe
- Drys

INSTRUKTIONER
TIL KIKSBASEN

a) Blend fordøjelsessystemet i en foodprocessor med kakaopulveret, indtil det er en fin krumme.

b) Bland kiksene med det smeltede smør og tryk ned i bunden af en 8"/20 cm dyb springform og stil på køl, mens du laver fyldet!

TIL FYLDET

c) Smelt mælkechokoladen forsigtigt og lad den køle lidt af til siden.

d) Brug en elektrisk røremaskine til at piske flødeost, vanilje og flormelis sammen, indtil det er glat.

e) Tilsæt den dobbelte fløde og pisk sammen til det holder sig.

f) Del blandingerne i to skåle. Til det halve, tilsæt den smeltede mælkechokolade og bland det. I den anden tilsættes lejrkaffeekstraktet og blandes, indtil det også er blandet.

g) Når de er blandet, hældes blandingerne tilfældigt på kiksebunden og hvirvles dem sammen. Glat over toppen og stil på køl i 6+ timer for at sætte sig, eller helst natten over.

AT DEKORERE

h) Når det er sat, skal du fjerne det fra dåsen. Pisk dobbelt fløde, lejrkaffeekstrakt og flormelis sammen, indtil det er tykt og kan røres.

i) Dryp lidt smeltet mælkechokolade over, rør noget af det lækre kaffeflødeskum på og drys nogle smukke drys på!

46. Ingen bagning Peanut Butter Cheesecake Bombs

Gør: 12

INGREDIENSER:
- 6 ounces flødeost
- ⅓ kop naturlig cremet jordnøddesmør
- 2 spiseskefulde Xylitol
- 1 tsk vaniljeekstrakt
- 1 knivspids af 1 kop Heavy Cream
- ⅛ spiseskefulde Xanthangummi
- 3 barer Double Chocolate Crunch Bar, Snack Caramel

INSTRUKTIONER:

a) For at gøre flødeosten cremet, brug en røremaskine sat på medium hastighed til at piske den blødgjorte flødeost. Kombiner det pulveriserede granulerede sukkererstatning, jordnøddesmør og vanilje i en røreskål, indtil det er godt blandet.

b) Tilsæt 1 kop tung fløde og ¼ teskefuld xanthangummi, og pisk indtil blandingen er let og luftig i konsistensen.

c) Lav tre segmenter ud af Atkins-barerne ved at skære dem på langs og groft hakke dem. Brug en 2-spsk scoop på vokspapir, der er bekvemt belagt med en bageplade, og fold ingredienserne ind i blandingen.

d) Sæt i fryseren, indtil den er helt frossen.

DRIFTIGE OSTEKAGER

47. Ingen bagning Rum æggesnaps cheesecake

Giver: 1 portion

INGREDIENSER:
- 1¼ kop vaniljevafler, fint knust
- 3 spsk Smør, smeltet
- ⅓ kop sukker
- 1 pakke Unflavored gelatine
- 1 kop æggesnaps
- 4 æggeblommer, pisket
- ¼ tsk stødt muskatnød
- 16 ounce flødeost, blødgjort
- 2 spsk Rom
- 4 æggehvider
- ½ kop sukker
- ½ kop piskefløde
- Barberet chokolade
- Knust vaniljevafler

INSTRUKTIONER:

a) I en lille røreskål kombineres 1¼ kopper knuste vafler og smeltet smør; smid for at blande grundigt.

b) Tryk krummeblandingen ned i bunden og ½ tomme op ad siderne af en 9-tommer springform for at danne en fast jævn skorpe. Afkøl i cirka 1 time eller indtil fast. I en mellemstor gryde kombineres ⅓ kop sukker og gelatine.

c) Rør æggesnaps, æggeblommer og muskatnød i. Kog over medium varme under konstant omrøring, indtil blandingen lige kommer i kog. Fjern fra varmen. I en stor mixerskål piskes flødeost med en mixer på medium hastighed i 30 sekunder eller indtil den er blødgjort; pisk gradvist gelatineblandingen i. Rør rom eller mælk i.

d) Chill indtil delvist stivnet. Pisk æggehvider ved medium hastighed i en medium røreskål, indtil der dannes bløde toppe.

e) Tilsæt gradvist det resterende sukker, pisk til stive toppe. I en lille skål piskes fløde til bløde toppe. Fold hvider og piskefløde i gelatineblandingen. Vend det i en krummebeklædt gryde. Dække over; afkøl indtil fast, 3 til 24 timer.

f) Løsn siderne af cheesecake fra panden med en spatel; fjerne sider.

g) Drys barberet chokolade eller vaffelkrummer rundt om den øverste kant af cheesecaken.

48. Ingen Bag Margarita Cheesecake

Giver: 8 portioner

INGREDIENSER:
- 8 ounce flødeost, blødgjort
- 14 ounce kan sødet kondenseret mælk
- ¼ kop limesaft
- skal af 1 lime
- 2 spsk tequila
- ¼ teskefuld Cointreau, appelsin spiritus
- 8 ounce balje pisket topping, optøet
- 1 færdiglavet graham cracker skorpe

AT TJENE:
- Ekstra flødeskum og limeskiver

INSTRUKTIONER:
a) Tag plastikdækslet af den færdiglavede skorpe og sæt det til side til senere.
b) I en stor røreskål kombineres flødeost og sødet kondenseret mælk med en elektrisk mixer, indtil det er glat. Når det er glat, tilsæt limesaft, limeskal, tequila og appelsinvæske, og bland indtil det er blandet. Fold pisket topping i, indtil det er inkorporeret. Hæld blandingen i den færdiglavede skorpe og fordel den i et jævnt lag. Dæk med et plastikbetræk, som du har gemt fra skorpen, og stil det på køl i mindst to timer, eller indtil det er stivnet.
c) Når du er klar til servering, tilsæt flødeskum og limestykker, der er dyppet i sukker. Skær i skiver og server.
d) Opbevar dine margarita cheesecake-rester i køleskabet i op til 5 dage.

49. Ingen bagning Pina colada cheesecake

Gør: 10 portioner

INGREDIENSER:

- 1 kokosskorpe
- 2 kuverter med gelatine uden smag
- Sukker
- 6 ounces ananasjuice
- 3 æg, adskilt
- Tre 8-ounce pakker af flødeost blødgjort
- ¼ kop mørk jamaicansk rom
- ¼ tsk kokosekstrakt
- 20-ounce dåse knust ananas
- 1 spsk majsstivelse

INSTRUKTIONER:

a) Bland gelatine og ½ kop sukker i en gryde. Tilsæt ananasjuice. Stå i 1 minut. Varm op ved lav temperatur, indtil gelatinen er opløst, cirka 5 minutter. Fjern fra varmen.

b) Tilsæt blommer, en ad gangen pisk godt efter hver. Afkøl let. Pisk flødeost til det er luftigt.

c) Blend en gelatineblanding med rom og kokosekstrakt.

d) Afkøl hurtigt ved at sætte blandingen over en skål med isvand; rør til det er lidt tyknet.

e) Pisk æggehvider til skum.

f) Tilsæt gradvist ¼ kop sukker, indtil der dannes stive toppe. Fold i gelatine. Vend til forberedt skorpe. Stil på køl natten over.

g) I en gryde kombineres udrænet ananas med 2 spiseskefulde sukker og majsstivelse. Kog under omrøring, indtil det koger og tykner. Fedt nok. Hæld over cheesecake.

50. Ingen bagning Vodka Toffee æble cheesecake

Gør: 8-10 portioner

INGREDIENSER:
- 6 røde æbler
- 1 spsk citronsaft
- 230 g Grantham honningkager eller ingefærnødder
- 60 g smør, smeltet
- 300 ml dobbelt creme
- 50 g flormelis
- 150 ml græsk yoghurt
- 310g let blød ost
- 2 spsk Toffee Vodka
- 3,5 ounce granuleret sukker

INSTRUKTIONER:

a) Skræl 4 af æblerne og skær dem i 1 cm stykker. Kom i en glasskål med citronsaft og mikroovn på fuld kraft i 3 min. Rør grundigt. Mikroovn i yderligere 2-3 minutter, indtil den er grødet med et par små klumper. Lad afkøle.

b) Blend kiksene i en foodprocessor, indtil der dannes fine krummer. Tilsæt smør og blitz indtil det er blandet. Beklæd bunden af en løsbundet 20 cm form med bagepapir. Hæld krummerne i og tryk dem flade med bagsiden af en ske. Chill indtil påkrævet. Beklæd siderne af formen med en lang stribe bagepapir.

c) Pisk fløde og flormelis sammen, indtil der dannes bløde toppe. Kom yoghurt, blød ost, vodka og æblemos i en stor skål og rør forsigtigt, indtil det er ensartet blandet – overpisk ikke. Vend forsigtigt cremen i. Hæld over bunden, plan med bagsiden af en ske, og afkøl natten over.

d) Udkern og skær de sidste 2 æbler i tynde skiver. Dup tør med en køkkenrulle. Læg et stykke køkkenrulle på en tallerken, der kan sættes i mikroovn, og anret halvdelen af æbleskiverne ovenpå. Mikrobølgeovn ved 800W i 3 min. Vend æbleskiverne, dup dem tørre med en køkkenrulle, og lad dem tørre i mikroovnen i yderligere 3 minutter, indtil de er tørre og næsten tørre. Sæt til side og gentag med det resterende æble.

e) Læg et stykke bagepapir på en rist. Kom sukkeret og 4 spsk vand i en lille gryde. Varm forsigtigt op uden at røre, indtil sukkeret smelter. Kog i 3-4 minutter, indtil du har en honning-guld karamel. Fjern fra varmen, tilsæt ¼ af det tørrede æble, rør rundt, og løft derefter ud en efter en, så den overskydende karamel kan dryppe tilbage i gryden. Arranger på bagepapiret.

f) Gentag tre gange mere. Hvis karamellen tykner, opvarmes forsigtigt i 20 sek.

g) Løft cheesecaken over på en tallerken og fjern bagepapiret. Anret karamelæbleskiver ovenpå, drys eventuelt knuste ingefærkiks over, og server.

BAGTE OSTEKAGER

51. Strawberry Cheesecake French Toast

Giver: 4 portioner

INGREDIENSER:
- ½ kop flødeost, blødgjort
- 2 spsk pulveriseret sukker
- 2 spiseskefulde jordbærkonserves
- 8 skiver hvidt landbrød
- 2 æg
- ½ kop halv og halv
- 2 spsk sukker
- 4 spsk smør, delt

INSTRUKTIONER:
a) Kombiner flødeost og pulveriseret sukker i en lille skål; bland godt. Rør konserves i. Fordel flødeostblandingen jævnt over 4 skiver brød; top med de resterende skiver for at danne sandwich.
b) Pisk æg, halvt og halvt og sukker sammen i en mellemstor skål; sæt til side.
c) Smelt 2 spsk smør i en stor stegepande over medium varme. Dyp hver sandwich i æggeblandingen, der dækker begge sider fuldstændigt.
d) Kog 2 sandwich ad gangen i et til 2 minutter på hver side, eller indtil de er gyldne.
e) Smelt det resterende smør og kog de resterende sandwich som anvist.

52. Blåbær citron cheesecake havre

Giver: 4 portioner

INGREDIENSER:
- ¼ kop fedtfri græsk yoghurt
- 2 spsk blåbæryoghurt
- ¼ kop blåbær
- 1 tsk revet citronskal
- 1 tsk honning

INSTRUKTIONER:
a) Kombiner havre og mælk i en 16-ounce mason jar; top med ønskede toppings.
b) Stil på køl natten over eller op til 3 dage; serveres koldt.

53. Jordbær cheesecake pandekager

Giver: 4 portioner

INGREDIENSER:
- 1 kop speltmel
- 2 spsk sukkerfri vaniljebuddingblanding
- ½ tsk bagepulver
- ½ tsk bagepulver
- ¾ kop almindelig græsk yoghurt
- ½ kop + 2 spsk 2% letmælk
- 1 stort æg
- 2 spsk ahornsirup
- 1 kop jordbær i tynde skiver

INSTRUKTIONER:
a) Tilsæt mel, buddingblanding, bagepulver og bagepulver til en skål og pisk for at kombinere.
b) I en anden skål piskes yoghurt, mælk, æg og ahornsirup, indtil det er kombineret.
c) Tilsæt de våde ingredienser til de tørre ingredienser og pisk, indtil det er grundigt blandet.
d) Rør forsigtigt jordbærrene i.
e) Lad dejen hvile i 2 til 3 minutter. Dette tillader alle ingredienserne at komme sammen og giver dejen en bedre konsistens.
f) Spray en non-stick stegepande eller stegepande generøst med vegetabilsk olie og opvarm over medium varme.
g) Når panden er varm, tilsæt dejen ved hjælp af en ¼-kops målebæger og hæld dejen i stegepanden for at lave pandekagen. Brug målebægeret til at forme pandekagen.
h) Kog indtil siderne ser stivnede ud, og der dannes bobler i midten (ca. 2 til 3 minutter), og vend derefter pandekagen.
i) Når pandekagen er stegt på den side, tages pandekagen af varmen og lægges på en tallerken.
j) Fortsæt disse trin med resten af dejen

54. Frosset figen cheesecake

Giver: 12 skiver

INGREDIENSER:
- 1 kop graham cracker krummer
- 1 kop plus 2 spsk granuleret sukker
- 4 spsk smør, smeltet
- 2 kopper ricottaost, drænet
- 8 ounce flødeost
- 1 spsk majsstivelse
- 4 store æg
- 2 tsk vaniljeekstrakt
- Knib salt
- ⅓ kop figenmarmelade

INSTRUKTIONER:

a) Forvarm ovnen til 340°F (171°C). Pak indersiden af en 9-tommer (23 cm) springform med aluminiumsfolie. Spray med nonstick madlavningsspray og stil til side.

b) I en lille skål kombineres graham cracker-krummer, 2 spsk sukker og smør. Tryk i bunden af den forberedte gryde. Afkøl i 30 minutter i køleskabet.

c) Tilsæt ricottaost, flødeost, resterende 1 kop sukker og majsstivelse i en stor røreskål. Bland godt med en el-mixer ved medium hastighed. Tilsæt æg et ad gangen, pisk ved lav hastighed efter hver tilsætning. Tilsæt vaniljeekstrakt og salt, og pisk ved lav hastighed, indtil det er inkorporeret.

d) Fjern skorpen fra køleskabet. Hæld dejen i skorpen. Rør forsigtigt figenmarmelade ind i cheesecaken for en marmoreret effekt. Læg gryden i en større gryde med varmt vand, så springformen er halvt nedsænket.

e) Bages i 55 minutter til 1 time. Kagen skal være stivnet, men stadig have et lille sving. Fjern fra den større gryde med vand og afkøl på en rist, indtil den når stuetemperatur.

f) Skub en smørkniv rundt om den indvendige kant af gryden for at adskille cheesecaken fra gryden, og løsne derefter den udvendige del af gryden. Afkøl i 1 time, og frys derefter i 4 timer. Lad den sidde ved stuetemperatur i 10 til 15 minutter, før den skæres i skiver og serveres.

g) Opbevaring: Opbevares tæt pakket ind i plastfolie i fryseren i op til 1 måned.

55. Vegansk bær cheesecake

Gør: 6

INGREDIENSER:
- 4 (8 ounce) pakker vegansk flødeost
- 0,5 ounce Agar Agar + 1 kop varmt vand
- 3 ounce vegansk citronjello + 1 kop varmt vand
- ¼ kop pulveriseret sukker
- oblater
- Friske jordbær eller hindbær
- 2 kasser (3 ounce hver) vegansk jordbærgelo

INSTRUKTIONER:
a) Opløs 2 pakker Agar og 1 kop citrongelo i en kop varmt vand.
b) Når osten er klar, piskes den i cirka 2 minutter, eller indtil den er luftig. Agar Agar og gelé skal tilsættes lidt ad gangen.
c) Bland indtil alle klumper er væk. Tilsæt sukkeret og fortsæt med at piske indtil alt er godt blandet.
d) Læg vaniljeskiver i bunden af springformen. Fyld gryden med flødeostblandingen. Stil på køl i mindst 2 timer.
e) Lav jordbærgelo med halvdelen af mængden af vand (1 kop til hver kasse, i alt 2 kopper fra to kasser). Lad afkøling i et par minutter.
f) Læg jordbær ovenpå osteblandingen, der er sat. Stil den på køl, indtil geléen stivner, og hæld den derefter over jordbærene.

56. Mango cheesecake

Gør: 6 portioner

INGREDIENSER:
SKORPE
- 7 ark Graham kiks, knust
- 2 spsk usaltet smør, smeltet

FYLDNING
- 1 pund flødeost,
- ½ kop mangomasse, plus 1½ tsk
- ½ kop sukker
- 1 spsk karrypulver
- 2 tsk universalmel
- 2 store æg plus 1 æggeblomme

INSTRUKTIONER:
a) Fyld Instant Pot halvvejs med vand, og tilsæt trådmetaldampstativet.
b) Kombiner Graham-crackers og smeltet smør i en foodprocessor, indtil det er glat.
c) Fordel Graham cracker blandingen jævnt på bunden af den forberedte pande. Fryse
d) For at lave fyldet, bland flødeosten, 12-kopper mangomasse, karrypulver, sukker og mel sammen i en blender, indtil det er glat.
e) Knæk i æggene
f) Fyld den frosne skorpe med fyldet.
g) Dryp de resterende 112 spiseskefulde mangomasse ovenpå.
h) Læg et 8-tommers ark aluminiumsfolie over toppen af panden og dæk det med et køkkenrulle.
i) Placer panden på risten i Instant Pot.
j) Forvarm ovnen til højtryk i 37 minutter.
k) Lad cheesecaken køle af i cirka en time på bordet. Stil på køl.
l) Serveres koldt, og skæres i tern.

57. **Blåbær cheesecake**

Gør: 10

INGREDIENSER:
TIL SKORPEN:
- 2 kopper knust glutenfri graham-crackers ¼ kop hvidt sukker
- 6 spsk usaltet smør, smeltet

TIL FYLDET:
- 2 ½ (8-ounce) pakker flødeost, blødgjort
- ½ kop honning
- 3 store æg
- 2 spsk mælk
- 1 ½ tsk vaniljeekstrakt
- ¼ tsk salt

TIL COULIS:
- 250 g blåbær (eller andre bær, hvis du foretrækker det)
- 100 ml / 6 spsk vand
- 2 spsk ahornsirup/agavenektar

INSTRUKTIONER:

a) Forvarm ovnen til 180C / 350F
b) Rør skorpeingredienserne sammen, indtil det er godt blandet.
c) Hæld skorpeblandingen i en 9-tommer rund springform og tryk den jævnt langs smørret og cirka 1 tomme op ad siderne.
d) Bag skorpen i 8 minutter og stil den derefter til afkøling.
e) I en røreskål pisk flødeost og honning sammen, indtil det er glat.
f) I en separat skål piskes æg, mælk, vaniljeekstrakt og salt sammen. Tilsæt blandingen til flødeostblandingen og blend godt.
g) Fold brombærene i og pas på ikke at bryde dem op.
h) Hæld fyldet i den afkølede skorpe og bag i 30 minutter, eller indtil cheesecaken netop er sat i midten.
i) Lad cheesecaken køle af, og fjern derefter forsigtigt siderne af springformen.
j) Stil cheesecaken på køl i mindst 4 timer før servering.
k) Lav coulisen ved at komme bærrene i en gryde med vand og sirup, og kog ved middel varme i 2-3 minutter.
l) Tag af varmen og lad det køle af. Du kan piske den op for at blive glat eller lade den være som den er.
m) Top cheesecaken med coulis.

58. Tranebær appelsin cheesecake

Giver: 12 portioner

INGREDIENSER:
- 1 kop Graham-krummer
- 2 kopper hytteost
- 1 pakke Let flødeost; 8 oz
- ⅔ kop sukker
- ½ kop almindelig yoghurt
- ¼ kop mel; alle formål
- 2 kopper tranebær
- ½ kop appelsinjuice
- 1 spiseskefuld Margarine; let, smeltet
- 2 æggehvider
- 1 æg
- 1 spsk appelsinskal; revet
- 1 tsk vanilje
- ⅓ kop sukker
- 2 tsk majsstivelse

INSTRUKTIONER:
a) Kombiner skorpen ingredienser. Tryk over bunden af den 9-tommer springform.
b) Bages ved 325 grader F i 5 minutter.
c) I en foodprocessor blendes hytteost til det er glat. Tilsæt flødeost og forarbejd til det er glat. Tilsæt de resterende fyldningsingredienser; bearbejde indtil glat. Hæld i gryden. Bages ved 325 grader F i 50 til 60 minutter eller indtil næsten sat i midten.
d) Kør en kniv rundt om kanten af kagen for at løsne den fra kanten. Afkøl på rist. Chill.
e) Kom tranebær, appelsinjuice og sukker i en gryde. Bring i kog under konstant omrøring. Lad det derefter simre i 3 minutter, eller indtil tranebærene begynder at poppe. Opløs majsstivelse i 1 spsk vand. Tilføj til panden, kog og rør i 2 minutter.
f) Afkøl toppingen, og fordel den over kagen inden servering.

59. **Cheesecake med citronskal**

Gør: 10 portioner

INGREDIENSER:
- 1 pund flødeost
- 1½ kop sukker; Granuleret
- 2 æg
- ½ tsk kanel; Jord
- 1 tsk citronskal; Revet
- ¼ kop ubleget mel
- ½ tsk salt
- 1 x Konditorsukker
- 3 spsk Smør

INSTRUKTIONER:
a) Forvarm ovnen til 400 grader Fahrenheit. Rør osten, 1 spsk smør og sukkeret sammen i et stort rørebassin. Må ikke tæske.
b) Tilsæt æggene et ad gangen, pisk grundigt efter hver tilsætning.
c) Bland kanel, citronskal, mel og salt. Smør panden med de resterende 2 spsk smør, fordel det jævnt med fingrene.
d) Hæld dejen i den forberedte gryde og bag ved 400 grader i 12 minutter, sænk derefter til 350 grader og bag i yderligere 25 til 30 minutter. Kniven skal være fri for rester.
e) Når kagen er afkølet til stuetemperatur, drys den med konditorsukker.

60. Ananas cheesecakes på hovedet

Gør: 4 mini kager

INGREDIENSER:
- 1 spsk usaltet smør
- ¼ kop Graham cracker krummer
- ¾ kop blødgjort flødeost (6 oz)
- ¼ kop + 1 tsk sukker
- ¼ tsk Frisk revet citronskal
- ¼ teskefuld vanilje
- 1 stort æg
- 1 tsk majsstivelse
- ½ kop Drænet dåse knust
- Ananas, reserver 1 T juice
- ½ kop vand

INSTRUKTIONER:

a) I en lille gryde smeltes smør ved moderat varme, rør grahamskrummer i, og del derefter blandingen i 4 papirlinjer ½ kop muffinforme, tryk ind for at danne en skorpe.

b) Bag skorperne midt i en forvarmet 350F ovn i 5 minutter, og lad derefter afkøle på en rist i 5 minutter.

c) I en skål med en elektrisk mixer piskes flødeost, ¼ kop sukker, skal og vanilje sammen, indtil blandingen er blandet godt sammen.

d) Tilsæt ægget, pisk det godt sammen, og fordel dejen i formene. Bag cheesecakesene midt i en forvarmet 350F ovn i 20 minutter, eller indtil de er sat, og lad dem køle af på en rist i 10 minutter.

e) Mens cheesecakes bages, opløs majsstivelsen i en lille skål i den reserverede ananasjuice. I en lille gryde simrer den knuste ananas sammen med vandet og den resterende 1 tsk sukker i 5 minutter, eller indtil væsken er reduceret til cirka 2 spsk.

f) Rør majsstivelsesblandingen og rør den i ananasblandingen.

g) Svits saucen under omrøring i 2 minutter, overfør den til en metalskål sat i en større skål med is og koldt vand, og lad den køle af under omrøring af og til.

h) Fordel saucen på 2 tallerkener og vend cheesecakes på saucen, kassér papiret.

61. Mandarin cheesecake

Giver: 2 portioner

INGREDIENSER:
- 1 kop Graham Crackers; Knust
- 2 spsk sukker
- 3 pakker 8 ounces flødeost; Blødgjort
- 4 æg
- 1 kop sukker
- 1½ kop creme fraiche
- 2 tsk vanilje
- 2 spsk smeltet smør
- 2 spsk mandarinjuice
- 1 spsk revet mandarinskal
- 2 spsk sukker

INSTRUKTIONER:
a) Bland de første 3 ingredienser grundigt. Tryk ind i bunden og siderne af 8 x 3 springformen.
b) Bages i 5 minutter og afkøles; (350 grader ovn). Tænd nu ovnen på 250 grader. Læg 1 pk. flødeost og 1 æg i en stor røreskål; slå grundigt.
c) Gentag med resterende ost og æg, pisk godt efter hver tilsætning. Tilsæt gradvist sukker skiftevis med juice. Pisk ved medium hastighed i 10 minutter.
d) Rør skrællen i. Hæld i skorpen og bag i 25 minutter. Sluk for varmen; lad kagen stå i ovnen i 45 minutter og tag den derefter ud.
e) Tænd nu ovnen på 350 grader. Bland ingredienserne til toppingen grundigt. Lad stå ved stuetemperatur. Fordel forsigtigt over den varme kage.
f) Vend tilbage til forvarmet 350 graders ovn i 10 minutter. Afkøles delvist på en rist. Stil på køl natten over, hvis det er muligt.

62. Valnøddeostkage

Gør: 10 portioner

INGREDIENSER:
- Sandkage
- 2 kopper hytteost
- ½ kop sukker; Granuleret
- 2 tsk majsstivelse
- ½ kop valnødder; hakket,
- 3 æg; Stor, adskilt
- ½ kop creme fraiche
- 1 tsk citronskal; Revet

INSTRUKTIONER:
a) Forvarm ovnen til 325 grader F.
b) Pres hytteosten gennem en sigte og afdryp den.
c) I en stor røreskål pisk æggeblommerne, indtil de er lyse og skummende, og tilsæt derefter sukkeret langsomt, fortsæt med at piske, indtil det er meget let og glat.
d) Tilsæt hytteosten til æggeblandingen, bland godt, og tilsæt derefter creme fraiche, majsstivelse, citronskal og valnødder (hvis det ønskes). Rør indtil alle ingredienser er godt blandet og blandingen er jævn.
e) I en anden stor røreskål pisk æggehviderne, indtil de danner bløde toppe, og fold dem derefter forsigtigt i dejen. Hæld blandingen i den forberedte skorpe og bag i cirka 1 time.
f) Afkøl til stuetemperatur inden servering.

63. **Macadamia & lime ukrudtskage**

Gør: 14

INGREDIENSER
OSTEKAGESKORPE
- ½ kop macadamianødder
- ½ kop Honeyville mandelmel
- ¼ kop koldt smør
- ¼ kop NU Erythritol
- 1 stor æggeblomme

FYLDNING
- 8 ounces flødeost
- ¼ kop smør
- ¼ kop NU Erythritol
- ¼ teskefuld flydende stevia
- 1-2 spsk Key Lime Juice
- 2 store æg
- Skal af 2 limefrugter

INSTRUKTIONER:

a) Forvarm din ovn til 350F. Tilsæt ½ kop macadamianødder i en foodprocessor.
b) Kværn nødderne til en grov måltidskonsistens, og tilsæt derefter ¼ kop NOW erythritol.
c) Puls i et øjeblik og tilsæt derefter ½ kop Honeyville mandelmel.
d) Puls igen, indtil det hele er kombineret.
e) Skær ¼ kop koldt smør i terninger og kom det i foodprocessoren. Puls igen, indtil blandingen begynder at klumpe.
f) Tilsæt 1 æggeblomme og pulsér igen, indtil al dejen klumper.
g) Tag dejen ud af foodprocessoren og ælt den sammen med hænderne.

h) Brug nogle silikoneforme til cupcakes (eller bare en almindelig smurt cupcakeform) og fyld brøndene omkring ⅛ til ¼ af vejen fulde. Dette afhænger af, hvor tyk du kan lide din skorpe. Hvis du laver skorpen tynd, vil du kunne lave flere cheesecake cupcakes.
i) Bag skorpen i 5-7 minutter ved 350F. De skal ikke være brunede, når du tager dem ud, de vil se fedtede og gennemstegte ud.
j) Mens skorpen koger, pisk sammen 1 blok flødeost (8 ounce) og ¼ kop smør.
k) Når smør og flødeost er blandet, tilsæt de 2 æg og bland igen.
l) Tilsæt ¼ kop NU erythritol og ¼ tsk flydende stevia og bland derefter igen.
m) Til sidst tilsættes skalen af ca. 2 nøglelimefrugter og saften fra 2.
n) Bland igen, indtil det er helt blandet.
o) Når skorperne er ude af ovnen, lad dem køle af i 3-5 minutter, og hæld derefter blandingen i formene. Fyld dem så de efterlader lidt plads øverst, for de hæver efterhånden som de koger og kan vælte ud.
p) Bag ostekagerne i 30-35 minutter ved 350F.
q) Afkøl cheesecakes i 20-30 minutter og stil dem derefter i køleskabet natten over.
r) Tilføj lidt ekstra limeskal over toppen og server!

64. Blåbær cheesecake

Gør: 1 cheesecake

INGREDIENSER:
SKORPE
- ½ kop revet kokos
- 1 kop ristede mandler
- 1 spsk kokosolie, smeltet
- 1 tsk vaniljeekstrakt

FYLDNING
- 2 kopper cashewnødder, udblødt i 12 timer, skyllet og drænet
- 3 spsk citronsaft ved stuetemperatur
- ½ kop ahornsirup
- ½ kop kokosolie, smeltet
- 8 dråber infunderet olie - blåbærsmag
- 2 kopper friske blåbær

INSTRUKTIONER:
a) Beklæd en 9-tommer rund kageform med bagepapir.
b) Kom ingredienserne til skorpen i en foodprocessor og blend i 1 minut.
c) Tryk skorpeblandingen på bunden af den forberedte kageform.
d) Glasér skorpen og sæt den i fryseren.
e) Blend alle ingredienserne til fyldet i en blender, til det er glat.
f) Tag den frosne skorpe ud af fryseren og læg den på en bageplade. Hæld cheesecakefyldet ovenpå.
g) Frys cheesecaken 30 minutter før servering.

65. Glutenfri mandelmel cheesecake

Gør: En 7-tommer cheesecake

INGREDIENSER:
TIL SKORPEN
- 2 kopper glutenfri mandelmel
- ¼ tsk salt
- 1½ spsk brun farin
- ¼ kop usaltet smør, smeltet

TIL OSTEKAGEN
- 1 pund flødeost, ved stuetemperatur
- 2 spsk majsstivelse
- ⅔ kop granuleret sukker Knip salt
- ½ kop creme fraiche, ved stuetemperatur
- 2 tsk glutenfri vaniljeekstrakt
- ⅛ teskefuld glutenfri mandelekstrakt
- 2 store æg, ved stuetemperatur
- 1 kop koldt vand

INSTRUKTIONER:
SKORPE
a) Spray let bunden og siderne af en 7 x 3-tommer (18 x 7,6 cm) springform med nonstick-spray (den slags uden mel i).
b) Klip en cirkel af bagepapir i samme størrelse som bunden af din springform. Placer pergamentcirklen på bunden af din gryde og spray let med yderligere nonstick-spray. Sæt til side.
c) Bland mandelmel, salt og brun farin i en lille skål. Tilsæt det smeltede smør og rør med en gaffel til det hænger sammen.
d) Hæld skorpeblandingen i den forberedte gryde. Fordel med fingrene og tryk forsigtigt ned for at danne et jævnt lag. Stil gryden i fryseren, mens du laver cheesecakedejen.

OSTEKAGE
e) I en mellemskål, pisk flødeosten med en håndmixer ved lav hastighed, indtil den er glat. Kombiner majsstivelse, granuleret sukker og salt i en lille røreskål. Tilsæt halvdelen af sukkerblandingen til flødeosten og pisk indtil den netop er inkorporeret. Skrab siderne af din skål ned med en spatel.
f) Tilsæt den resterende sukkerblanding og pisk indtil den netop er inkorporeret. Tilsæt cremefraiche og vanilje- og mandelekstrakter til flødeostblandingen. Pisk indtil det lige kommer sammen.
g) Tilsæt æggene, et ad gangen, og skrab skålen godt ned efter hver tilsætning. Overbland ikke.
h) Fjern skorpen fra fryseren. Pak bunden af gryden tæt ind med aluminiumsfolie for at forhindre lækager. Hæld flødeostdejen over skorpen. Bank let på bordpladen for at fjerne luftbobler.
i) Hæld det kolde vand i den inderste gryde på din trykkoger. Læg en bordskåner i gryden. Brug en folieslynge til forsigtigt at placere cheesecake-formen oven på bordskånet. Sørg for, at panden ikke rører vandet.
j) Luk og lås låget, og sørg for, at dampudløserknappen er i tætningsposition. Kog ved højt tryk i 40 minutter. Når du er

færdig, skal du bruge quick-release-metoden ved at dreje udløserknappen til udluftningspositionen og slippe dampen ud.
k) Når flydestiften falder, låses låget op og åbnes forsigtigt. Tør forsigtigt overfladen af cheesecaken med et køkkenrulle for at absorbere eventuel kondens.
l) Fjern forsigtigt cheesecaken og læg den på en rist til afkøling.
m) Når cheesecaken er helt afkølet, læg den i køleskabet i 6 til 8 timer eller natten over. Tag cheesecaken ud af køleskabet, når den er klar til servering. Slip siderne af springformen og kør en tynd kniv mellem bagepapiret og skorpen, og skub derefter forsigtigt over på en serveringsplade.

66. Luftig japansk ostekage

Gør: 1 cheesecake

INGREDIENSER:
- Vanilje is
- Brownie mix, en æske
- Varm fudge sauce

INSTRUKTIONER:
a) Forvarm ovnen til 350 grader.
b) Skær strimler af folie for at beklæde jumbo-muffinsforme.
c) Læg strimler på kryds og tværs til brug som løftehåndtag, når brownies er færdige.
d) Spray folie i en gryde med madlavningsspray.
e) Tilbered browniedej som beskrevet på pakken.
f) Fordel dejen jævnt mellem muffinsforme. Muffinkopper vil være omkring ¾ fyldte.
g) Sæt muffinformen på den kantede bageplade og bag i forvarmet ovn i 40-50 minutter.
h) Fjern fra ovnen og afkøl i gryden i 5 minutter, og flyt derefter til en rist i yderligere ti minutter.
i) Du skal muligvis bruge en smørkniv eller glasurspatel til at løsne siderne af hver brownie og derefter løfte ud af muffinformen ved hjælp af foliehåndtagene.
j) Server varm brownie på en tallerken toppet med en kugle vaniljeis og varm fudgesauce.

67. Dobbelt Chokolade Fudge Cheesecake

Giver: 8 skiver

INGREDIENSER:
TIL SKORPEN
- 6,1 ounce æske med glutenfri chokoladekager
- 1 spsk granuleret sukker
- ¼ tsk salt
- 2 spsk usaltet smør, smeltet

TIL OSTEKAGEN
- 1¼ kopper halvsød chokoladechips
- 1 pund flødeost, ved stuetemperatur
- ¾ kop granuleret sukker
- 3 store æg, ved stuetemperatur
- ¼ kop creme fraiche
- 2 tsk glutenfri vaniljeekstrakt
- 1½ dl vand
- Konditorsukker, til afstøvning

INSTRUKTIONER:
SKORPE
a) Spray en 7 x 3-tommer (18 x 7,6 cm) springform med nonstick-spray. Skær en pergamentcirkel i samme størrelse som bunden af gryden og læg den i din gryde. Sprøjt pergamentet. Sæt til side.
b) Læg småkagerne i skålen på en foodprocessor og pulsér, indtil de ligner groft sand. Hæld småkagekrummerne i en mellemstor skål og tilsæt sukker og salt. Rør for at kombinere. Tilsæt det smeltede smør og rør, indtil blandingen hænger sammen.
c) Tryk forsigtigt krummerne jævnt på bunden af den forberedte pande. Brug fingrene eller et fladbundet glas til at presse skorpen på plads. Sæt skorpen i fryseren, mens du laver fyldet.

OSTEKAGE

d) Smelt chokoladechipsene ved høj effekt i en medium mikroovnsikker skål, omrør hvert 30. sekund, indtil glat og helt smeltet. Lad afkøle lidt.
e) Pisk flødeosten i skålen med en røremaskine, indtil den er glat. Tilsæt ¾ kop (144 g) granuleret sukker og fortsæt med at piske. Tilsæt æggene, et ad gangen, pisk i 1 minut og skrab ned i siderne af skålen efter hver tilføjelse. Pisk creme fraiche og vanilje i, indtil det er helt indarbejdet.
f) Med røremaskinen på lav hastighed tilsættes langsomt den afkølede smeltede chokolade. Bland helt i.
g) Hæld fyldet i den forberedte skorpe. Bank fadet på bordet for at fjerne luftbobler.
h) Placer en bordskåne i bunden af den inderste gryde på din trykkoger og tilsæt vandet.
i) Pak bunden af springformen tæt ind i aluminiumsfolie. Spray let et stykke folie med nonstick madlavningsspray og læg (sprøjtesiden nedad) over cheesecaken. Brug en folieslynge, sænk gryden ned på bordskånet.
j) Luk og lås låget, og sørg for, at dampudløserknappen er i tætningsposition. Kog ved højt tryk i 56 minutter. Når det er færdigt, brug en hurtig udløser ved at dreje udløserknappen til udluftningspositionen, hvorved al dampen frigives. Når flydestiften falder, låses låget op og åbnes forsigtigt. Tryk på Annuller.
k) Brug folieslyngen og flyt forsigtigt cheesecaken til en rist. Efter 1 time, fjern folien og kør en tynd kniv rundt om kanterne på cheesecaken for at løsne den fra panden.
l) Dæk med plastfolie og stil på køl i mindst 8 timer eller natten over, indtil den er helt sat.
m) Skær i 8 skiver og server med et drys konditorsukker på toppen.

68. Japansk cheesecake

Gør: 1 kage

INGREDIENSER:
- 200 g hvid chokolade
- 150 g creme fraîche
- 3 æg

INSTRUKTIONER:
a) Skil æggene fra hinanden og kom æggehviderne i fryseren.
b) Skær chokoladen i små stykker og smelt dem i en dobbelt kedel. Lad chokoladen køle lidt af.
c) Bland æggeblommer og creme fraiche i. Rør til der er dannet en cremet masse.
d) Tag æggehviden ud af fryseren, pisk den i æggehviderne, og vend den forsigtigt i massen.
e) Kom dejen i en springform og bag den ved 180°C i minutter. Reducer derefter varmen til 150°C og bag i yderligere 15 minutter.
f) Lad den til sidst hvile 15 minutter i den slukkede ovn.

69. Græskar Cheesecake

Gør: 1 cheesecake

INGREDIENSER:
- 1½ kop knuste gingersnap cookies
- 1 spiseskefuld smeltet smør
- 2 blokke flødeost (16 ounce i alt) ved stuetemperatur
- ½ kop græskarpuré
- 1 spsk mel
- ¼ kop ahornsirup
- ¼ kop brun farin
- 1 tsk græskarkrydderi
- 2 æg (stuetemperatur)

INSTRUKTIONER:
a) Bland gingersnap og smør i en skål. Sæt til side.
b) I en aftagelig bundform (eller springform) beklæd med bagepapir. Hæld knust gingersnap-blanding i gryden og flad den ud med et fladbundet glas. Sæt i køleskabet for at stivne.
c) I en anden skål blandes flødeost, græskarpuré, mel, ahornsirup, farin og græskarkrydderi, indtil det er glat. Bland derefter et æg, et ad gangen og bland det, indtil det netop er blandet. Afslut med en spatel. Hæld i forberedt kageform og dæk med folie.
d) Tilsæt 1 kop vand i Multipotten og sæt cheesecake-panden i bordskånet. Sænk ned i den inderste gryde og luk låget. Flyt trykmåleren for at forsegle og tænd for kagefunktionen i 30 minutter.
e) Når det er færdigt, slip for hurtigt tryk og åbn låget i et par minutter for at frigive resten af dampen. Sluk for maskinen og luk låget.
f) Lad det sænke sig naturligt i en time og fjern cheesecaken. Stil i køleskabet i mindst 4-5 timer til afkøling. God fornøjelse!

70. Pumpkin Patch Cheesecake

Gør: 12
INGREDIENSER:
- 1 (16,6 ounce) pakke appelsincremefyldte chokoladesandwichkager
- 4 spsk smør, smeltet
- 3 (8-ounce) pakker flødeost, blødgjort
- 1-¼ kopper sukker, delt
- 4 æg
- 2 tsk vaniljeekstrakt, delt
- 1 (16-ounce) beholder med creme fraiche
- 5 dråber rød madfarve
- 10 dråber gul madfarve

INSTRUKTIONER:
a) Forvarm ovnen til 350 grader F. Placer 23 cookies i en genlukkelig plastikpose. Brug en kagerulle, knus cookies og læg derefter krummer i en mellemstor skål med smørret; bland godt og fordel derefter blandingen i bunden af en 10-tommer springform. Chill indtil klar til at fylde.
b) Pisk flødeost og 1 kop sukker med en elpisker på medium hastighed i en stor skål, indtil det er cremet. Tilsæt æg et ad gangen, pisk godt efter hver tilsætning, tilsæt derefter 1 tsk vanilje og bland godt.
c) Sæt 2 småkager til side til pynt, og bryd derefter de resterende 8 småkager. Rør småkagestykker i flødeostblandingen og hæld dem derefter i skorpen.
d) Bages i 55 til 60 minutter, eller indtil den er fast. Fjern fra ovnen og lad afkøle i 5 minutter.
e) Rør i mellemtiden cremefraiche, det resterende sukker og vanilje og madfarven sammen med en ske med en ske, indtil det er godt blandet. Fordel forsigtigt cremefraicheblandingen over toppen af cheesecaken og bag derefter i 5 minutter mere.
f) Lad afkøle og afkøle natten over eller mindst 8 timer. Pynt græskaransigtet med reserverede 2 småkager.
g) Server med det samme, eller dæk til, indtil den skal serveres

71. Pumpkin Pie Cheesecake skåle

Gør: 4

INGREDIENSER:
- 4 ounce flødeost, blødgjort
- 1 kop almindelig græsk yoghurt, plus mere til topping
- 1 kop græskarpuré
- ¼ kop ahornsirup
- 1 tsk vaniljeekstrakt
- 2 tsk stødt kanel
- 1 tsk malet ingefær
- ½ tsk stødt muskatnød
- Fint havsalt
- 1 kop granola
- Ristede græskarkerner
- Hakkede pekannødder
- Granatæbler
- Kakaonibs

INSTRUKTIONER:

a) Tilsæt flødeost, yoghurt, græskarpuré, ahornsirup, vanilje, krydderier og en knivspids salt til skålen på en foodprocessor eller blender, og kør til en glat og cremet masse. Overfør til en skål, dæk til og stil i køleskabet i mindst 4 timer.

b) For at servere skal du dele granolaen mellem dessertskåle. Top med græskarblandingen, en klat græsk yoghurt, græskarkerner, pekannødder, granatæble og kakaonibs.

c) Tilsæt farro, 1¼ kopper (295 ml) vand og en generøs knivspids salt til en mellemstor gryde. Bring det i kog, reducer derefter varmen til lav, læg låg på og lad det simre, indtil farroen er mør med en let tygning, cirka 30 minutter.

d) Bland sukkeret, de resterende 3 spsk (45 ml) vand, vaniljestang og frø og ingefær i en lille gryde ved middelhøj varme. Bring det i kog, og pisk, indtil sukkeret er opløst. Tag den af varmen og lad den trække i 20 minutter. Forbered imens frugten.

e) Skær enderne af grapefrugten af. Sæt på en flad arbejdsflade med skæresiden nedad. Brug en skarp kniv til at skære skrællen og den hvide marv væk, følg frugtens kurve fra top til bund. Skær mellem membranerne for at fjerne segmenterne af frugten. Gentag den samme proces for at skrælle og segmentere blodappelsinen.
f) Fjern og kassér ingefær og vaniljestang fra siruppen. For at servere skal du dele farroen mellem skåle. Arranger frugten rundt om toppen af skålen, drys med granatæble, og dryp derefter med ingefær-vaniljesirup.

72. **Mini Monster Cheesecakes**

Gør: 24 mini cheesecakes

INGREDIENSER:
- 24 appelsincremefyldte chokoladesandwichkager
- 3 (8-ounce) pakker flødeost, blødgjort
- ¼ kop smør smeltet 2
- teskefulde vaniljeekstrakt
- 14-ounce dåse sødet kondenseret mælk
- 3 æg

INSTRUKTIONER:
a) Forvarm ovnen til 300 grader F. Beklæd 24 muffinkopper i almindelig størrelse med bagebægre af papir.
b) Læg en småkage i bunden af hver papirkop.
c) I en stor skål pisk flødeost, smør og vanilje med en elpisker på medium hastighed, indtil det er cremet. Tilsæt langsomt sødet kondenseret mælk og derefter æggene, indtil det er grundigt blandet. Hæld dejen i bageforme, indtil den er næsten fuld.
d) Bages i 25 til 30 minutter, eller indtil den er sat. Afkøl helt og stil derefter på køl indtil servering.

73. Individuelle Key Lime Cheesecakes

Gør: 6 individuelle cheesecakes

INGREDIENSER:
TIL SKORPEN
- 1¼ kopper malet glutenfri sandkager
- 1½ tsk brun farin
- 2 spsk usaltet smør, smeltet Knip salt

TIL OSTEKAGEN
- 8 ounce flødeost, ved stuetemperatur
- 1 spsk majsstivelse
- ⅓ kop granuleret sukker
- Knivspids salt
- 1 spsk Key lime juice
- ¼ kop creme fraiche, ved stuetemperatur
- 1 tsk glutenfri vaniljeekstrakt
- 1 spsk fintrevet Key lime skal, plus mere til pynt
- 1 stort æg, ved stuetemperatur
- 1½ dl vand
- Flødeskum, til pynt

INSTRUKTIONER:
SKORPE

a) Spray let indersiden af seks 4-ounce (115 g) murerglas med nonstick-spray.

b) Bland de knuste cookies, brun farin, smør og salt i en lille skål. Fordel småkageblandingen jævnt mellem mason krukkerne. Tryk forsigtigt kagebunden mod bunden af glassene.

OSTEKAGE

c) I en mellemskål, pisk flødeosten med en håndmixer ved lav hastighed, indtil den er glat. Kombiner majsstivelse, granuleret sukker og salt i en lille røreskål. Tilsæt sukkerblandingen til

flødeosten og pisk indtil den netop er inkorporeret. Skrab siderne af skålen ned med en spatel.
d) Tilsæt limesaft, cremefraiche, vanilje og limeskal til flødeostblandingen. Pisk indtil det lige kommer sammen. Tilsæt ægget; rør til det lige er blandet. Overbland ikke.
e) Fordel cheesecakedejen ligeligt mellem glassene. Bank let glassene mod disken for at frigøre eventuelle store luftbobler.
f) Tilsæt vandet i bunden af den inderste gryde. Læg en bordskåne inde i gryden. Placer de fyldte glas på bordskånet, og pas på, at siderne af glassene ikke rører hinanden eller siderne af gryden. Du skal kunne passe fem rundt om kanterne og have plads til en krukke i midten. Læg et stort stykke folie let over alle glassene.
g) Luk og lås låget, og sørg for, at dampudløserknappen er i tætningsposition. Kog ved højtryk i 4 minutter. Når tilberedningstiden er færdig, lad en naturlig frigivelse i 10 minutter, flyt derefter knappen til udluftningspositionen og frigør eventuel resterende damp.
h) Når flydestiften falder, låses låget op og åbnes forsigtigt. Tryk på Annuller.
i) Fjern folien og absorber eventuel kondens på overfladen af cheesecakes ved forsigtigt at duppe dem med et køkkenrulle.
j) Lad ostekagerne køle af i gryden i 30 minutter, tag dem derefter ud på en rist og lad dem køle af, indtil de når stuetemperatur.
k) Dæk cheesecakes med plastfolie og stil dem i køleskabet i mindst 6 til 8 timer, gerne natten over.
l) Server pyntet med flødeskum og ekstra limeskal.

74. Papkasse Ovn cheesecake

Gør: 4 portioner

INGREDIENSER:
- 2 (8-ounce) pakker med flødeost
- ½ kop sukker
- 1 tsk vanilje
- 1 æggeblomme
- 2 dåser halvmåneruller
- 1 æggehvide

INSTRUKTIONER:
a) Bland de første 4 ingredienser.
b) Åbn 1 dåse halvmåneruller. Klem sømmene sammen og brug en kagerulle til at sprede dem ud på en bageplade.
c) Læg fyldet over halvmånerulleskorpen, efterlad ½ tomme ved kanterne.
d) Åbn den anden dåse med halvmåneruller, og klem sømmene sammen.
e) Rul ud på bordet i samme størrelse som kagepladen. Læg på tværs af fyldet.
f) Brug en gaffel til at forsegle kanterne.
g) Pisk æg hvide til det er skummende. Børst ovenpå.
h) Bages i en papkasseovn i 30 minutter ved 350 grader.

75. **Low-Carb key lime cheesecakes**

Gør: 4 portioner

INGREDIENSER:
OSTEKAGESKORPE
- ½ kop macadamianødder
- ½ kop mandelmel
- ¼ kop koldt smør
- ¼ kop Erythritol
- 1 stor æggeblomme

NØGLEKALKFYLDNING
- 6 ounce flødeost
- ¼ kop smør
- ¼ kop NU Erythritol
- ¼ teskefuld flydende stevia
- 1-2 spsk Key Lime Juice
- 2 store æg
- Skal af 2 Key Limes

INSTRUKTIONER:
a) Forvarm din ovn til 350F. Tilsæt ½ kop macadamianødder i en foodprocessor.
b) Kværn nødderne til en grov måltidskonsistens, og tilsæt derefter ¼ kop NOW erythritol.
c) Puls et øjeblik og tilsæt derefter mandelmel.
d) Puls igen, indtil det hele er kombineret.
e) Skær ¼ kop koldt smør i terninger og kom det i foodprocessoren. Puls igen, indtil blandingen begynder at klumpe.
f) Tilsæt 1 æggeblomme og pulsér igen, indtil al dejen klumper.
g) Tag dejen ud af foodprocessoren og ælt den sammen med hænderne.

h) Brug nogle silikoneforme til cupcakes, fyld brøndene omkring ⅛ til ¼ af vejen fulde. Dette afhænger af, hvor tyk du kan lide din skorpe. Hvis du laver skorpen tynd, vil du kunne lave flere cheesecake cupcakes.
i) Bag skorpen i 5-7 minutter ved 350F. De skal ikke være brunede, når du tager dem ud, de vil se fedtede og gennemstegte ud.
j) Mens skorpen koger, pisk sammen 1 blok flødeost (8 ounce) og ¼ kop smør.
k) Når smør og flødeost er blandet, tilsæt de 2 æg og bland igen.
l) Tilsæt ¼ kop NU erythritol og ¼ tsk flydende stevia og bland derefter igen.
m) Til sidst tilsættes skalen af ca. 2 nøglelimefrugter og saften fra 2 (dette er ca. 2 spsk juice). Bland igen, indtil det er helt blandet.
n) Når skorperne er ude af ovnen, lad dem køle af i 3-5 minutter, og hæld derefter blandingen i formene. Fyld dem så de efterlader lidt plads øverst, for de hæver efterhånden som de koger og kan vælte ud.
o) Bag ostekagerne i 30-35 minutter ved 350F.
p) Afkøl cheesecakes i 20-30 minutter og stil dem derefter i køleskabet natten over.
q) Tilføj lidt ekstra limeskal over toppen og server!

76. Cottage cheese cheesecake

Gør: 8

INGREDIENSER:
TIL SKORPE
- ¼ kop hård margarine, smeltet
- 1 kop fedtfattige graham cracker krummer
- 2 spsk hvidt sukker
- ¼ spsk kanel

TIL KAGE
- 2 kopper fedtfattig hytteost, pureret
- 3 spsk universalmel
- 1 tsk vaniljeekstrakt
- 2 æg
- ⅔ kop hvidt sukker

INSTRUKTIONER:
a) Gør ovnen klar ved at forvarme den til 325 grader Fahrenheit.
b) Kombiner smeltet margarine, graham cracker-krummer, sukker og kanel.
c) Fyld en 10-tommer springform halvvejs med skorpeblandingen.
d) Bland den blødgjorte hytteost, mælk, æg, mel, vanilje og sukker, indtil det er godt blandet.
e) Hæld blandingen i tærtebunden.
f) Bag i 60 minutter i ovnen.

77. No-bage græskar skorpe Cheesecake

Giver: 2 portioner

INGREDIENSER:
TIL SKORPEN
- Butikskøbt græskarskorpe

TIL FYLDET
- 6 ounces flødeost
- ⅓ kop græskarpuré
- 2 spsk creme fraiche
- ¼ kop Heavy Cream
- 3 spsk Smør
- ¼ teskefuld Pumpkin Pie Spice
- 25 dråber flydende stevia

INSTRUKTIONER:
a) Læg dejen i dine minitærteforme.
b) Blend alle fyldets ingredienser med en blender og stil på køl.
c) Efter ca. 5 timer skæres i skiver og toppes med flødeskum.

78. Ingen bage blandet bær Yuzu Cheesecake

Gør: 6

INGREDIENSER
SKORPE:
- 1½ Graham-krummer
- 4 spsk smeltet smør

CITRONOSEKAGEFYLD:
- 16 ounce flødeost, stuetemp
- ½ kop creme fraiche
- 1 spsk mælk
- 1 tsk vaniljeekstrakt
- 1 kop sundt organisk pulveriseret sukker
- yuzu zest
- 1 spiseskefuld yuzu juice

HINDBÆRSAUCE
- 2 spiseskefulde sundt økologisk rørsukker
- 1 spiseskefuld yuzu juice
- 1 kop blandede bær
- Topping: Flødeskum, frisk citronskive og hindbær

INSTRUKTIONER:
SÅDAN LAVER DU SKORPE:
a) Tilsæt grahamskrummer med smeltet smør i en skål. Bland godt og stil til side.

SÅDAN LAVER DU FYLDET AF CITRONOSEKAGE:
b) Tilsæt flødeost, cremefraiche, mælk og vaniljeekstrakt i en skål.
c) Bland på højkant med en håndmixer, indtil det er glat.
d) Tilsæt pulveriseret sukker, yuzu-skal og yuzu-juice og bland igen.
e) Skrab skålen ned, og tilsæt den derefter til en sprøjtepose.

SÅDAN LAVER DU HINDBÆRSAUCE:
f) Tilsæt sukker, yuzujuice og friske hindbær i en mellemstor gryde.

g) Bland og kog ved medium varme, indtil hindbær frigiver saft og saucen tykner.
h) Fjern fra varmen og lad det køle helt af.

AT SAMLE:
i) I en 4 ounce murerkrukke tilsættes 2-3 spiseskefulde af grahamsskorpeblandingen og tæmmes ned.
j) Rør derefter cheesecakeblandingen i.
k) Ryst glasset for at flade cheesecakeblandingen ud.
l) Tilsæt en skefuld hindbærsauce, og top med flødeskum, citronskive og hindbær. God fornøjelse!

79. __Cheesecake Cupcakes__

Giver: 12 portioner

INGREDIENSER:
- 12 Gingersnap cookies
- 8 ounce fedtfattig flødeost
- ¼ kop sukker
- 1 tsk vaniljeekstrakt
- 6 ounce fedtfri vanilje græsk yoghurt
- 2 tsk appelsinskal
- 2 æggehvider
- 1 spsk universalmel

INSTRUKTIONER:
a) Gør ovnen klar ved at forvarme den til 350 grader Fahrenheit. I en 12-kops muffinpande, linje cupcake liners.
b) I hver cupcake liner placeres en gingersnap.
c) Brug en elektrisk mixer, pisk flødeost, sukker og vanilje, indtil det er glat.
d) I en separat skål piskes yoghurt, appelsinskal, æggehvider og mel sammen, indtil det næsten ikke er blandet.
e) Hæld halvdelen af dejen i muffinsforme.
f) Bages i 20-25 minutter, indtil de næsten er sat i midten.
g) Stil på køl i mindst 1 time efter afkøling til stuetemperatur. Tjene.

80. Custard Cup Cheesecake cupcakes

Giver: 16 portioner

INGREDIENSER:
- 3 pakker 8 oz flødeost
- 1 kop sukker
- 1 spsk vanilje
- 3 æg
- 1 kop creme fraiche
- Custard kopper

INSTRUKTIONER:
a) Lad flødeost ude for at blive blød. Pisk til det er glat med sukker og vanilje. Tilsæt æg, et ad gangen, pisk højt. Vend cremefraiche i.
b) Vil lave mere end hvad en 9" graham cracker skorpe kan rumme, så fyld den til randen, og bag derefter resten i vanillecremekopp(e).
c) Bages ved 350F i 30-35 minutter, eller indtil skorpen er gyldenbrun og tandstikkeren kommer ren ud.

81. <u>Cheesecake Bars</u>

Gør: 6 portioner

INGREDIENSER:
SKORPE
- 1¼ kop graham crumb kiks
- ¼ kop sukker

FYLDNING
- 2 kopper flødeost
- 4 spsk mælk
- 1 kop sukker
- 2 æg
- 2 spsk citronsaft
- 1 tsk vanilje

INSTRUKTIONER:
SKORPE
a) Bland og tryk fast mod bunden af en 13 x 9 pande.
b) Reserver nogle til topping.
c) Bages i 8 minutter ved 350 grader F.

FYLDNING
d) Blend ingredienserne og fordel dem ovenpå den bagte skorpe.
e) Drys de resterende krummer ovenpå.
f) Bages i 20 minutter ved 350 grader F.
g) Afkøl og frys godt ned.

82. Græskar Cheesecake Bars

Gør: 2 dusin

INGREDIENSER:
- 16-ounce pund kageblanding
- 3 æg, delt
- 2 spsk margarine, smeltet og let afkølet
- 4 tsk græskartærtekrydderi, delt
- 8-ounce pakke flødeost, blødgjort
- 14-ounce dåse sødet kondenseret mælk
- 15-ounce kan græskar
- ½ tsk salt

INSTRUKTIONER:

a) I en stor skål kombineres tør kageblanding, et æg, margarine og 2 teskefulde græskartærtekrydderi; bland indtil smuldrende. Tryk dejen i en smurt 15"x10" gelérulleform. Pisk flødeost i en separat skål, indtil den er luftig.

b) Pisk kondenseret mælk, græskar, salt og de resterende æg og krydderier i. Bland godt; spredt over skorpen.

c) Bages ved 350 grader i 30 til 40 minutter.

d) Fedt nok; stilles på køl, inden den skæres i stænger.

83. Frosne Chokolade Peanut Butter Cheesecake Bombs

Gør: 12

INGREDIENSER:
- 6 ounces flødeost
- ⅓ kop naturlig cremet jordnøddesmør
- 2 spiseskefulde Xylitol
- 1 tsk vaniljeekstrakt
- 1 knivspids af 1 kop Heavy Cream
- ⅛ spiseskefulde Xanthangummi
- 3 barer Double Chocolate Crunch Bar, Snack Caramel

INSTRUKTIONER:
a) For at gøre flødeosten cremet, brug en røremaskine sat på medium hastighed til at piske den blødgjorte flødeost.
b) Kombiner det pulveriserede granulerede sukkererstatning, jordnøddesmør og vanilje i en røreskål, indtil det er godt blandet.
c) Tilsæt 1 kop tung fløde og ¼ teskefuld xanthangummi, og pisk indtil blandingen er let og luftig i konsistensen.
d) Lav tre segmenter ud af Atkins-barerne ved at skære dem på langs og groft hakke dem. Brug en 2-spsk scoop på vokspapir, der er bekvemt belagt med en bageplade, og fold ingredienserne ind i blandingen.
e) Sæt i fryseren, indtil den er helt frossen.

84. **Hindbær cheesecake trøfler**

Gør: 10

INGREDIENSER:
- 2 spiseskefulde tung creme
- 8 ounces flødeost, blødgjort
- ½ kop pulveriseret Swerve
- Knip havsalt
- 1 tsk Vanilje Stevia
- 1 ½ tsk hindbærekstrakt
- 2-3 dråber naturlig rød madfarve
- ¼ kop kokosolie, smeltet
- 1 ½ kopper chokoladechips, sukkerfri

INSTRUKTIONER:
a) Til at begynde skal du bruge en mixer til at kombinere din swerve og flødeost grundigt, indtil den er cremet.
b) Kombiner fløde, hindbærekstrakt, stevia, salt og madfarve i en stor røreskål.
c) Vær sikker på, at alt er godt kombineret.
d) Tilsæt din kokosolie og blend på høj, indtil alt er grundigt blandet.
e) Glem ikke at skrabe siderne af din skål ned så ofte, som du har brug for at afslutte. Lad det stå i køleskabet i en time. Hæld dejen i en kugle, der er cirka ¼-tommer i diameter, og derefter på en bageplade, der er forberedt med bagepapir.
f) Frys denne blanding i en time, og overtræk den derefter med din smeltede chokolade for at afslutte den! Den skal stilles i køleskabet i endnu en time for at stivne inden servering.

85. Småkager & flødeostkagebid

Gør: 8

INGREDIENSER:
COOKIE BASIS:
- ½ kop mandelmel
- 4 spsk kakaopulver
- ½ tsk vaniljeekstrakt
- 1 tsk bagepulver
- 1 æg
- 1 spsk kokosolie eller klaret smør

Flødeostfyld:
- ½ kop mandelsmør
- 1 kop flødeost
- ¼ tsk vaniljeekstrakt
- Knip vaniljestangpasta

INSTRUKTIONER:
TIL DEJEN:
a) Forvarm ovnen til 180 grader Celsius.
b) Bland mandelmel, kakao, vaniljeekstrakt, salt og bagepulver i en mellemstor skål.
c) I en stor røreskål blandes ægget og kokosolie, indtil det er godt blandet.
d) Tag kiksene ud og læg dem på en bageplade beklædt med bagepapir.
e) Bages i 12 til 15 minutter eller indtil de er sprøde.

TIL FYLDET:
f) Bland alle ingredienser i skålen med en røremaskine og pisk, indtil det er glat.
g) Tilsæt halvdelen af de knuste kiks.
h) Tag en skefuld cheesecake-fyld ud med en ske, og læg den oven på de resterende småkage.
i) Sørg for, at flødeoststykket er helt dækket af kiksene ved at rulle det sammen. Læg dem i fryseren.

86. Air Fryer Cheesecake Bites

Gør: 12

INGREDIENSER:
- 200 g flødeost
- ½ kop Natvia
- 1 tsk vaniljeekstrakt
- ½ kop mandelmel

INSTRUKTIONER:
a) Forvarm airfryeren til 180ºC i 3 minutter.
b) Skær flødeosten i tern og kom i en skål.
c) Tilsæt Natvia (behold 2 spiseskefulde til senere) og vanilje og bland, indtil det er pænt og glat. Stil på køl i 15 minutter.
d) Tril til 16 lige store kugler.
e) I en lille skål blandes mandelmelet med 2 spsk Natvia.

87. Græskartærte cheesecake tærte

Gør: 1

INGREDIENSER:
SKORPEN
- ¾ kop mandelmel
- ½ kop hørfrømel
- ¼ kop smør
- 1 tsk Pumpkin Pie Spice
- 25 dråber flydende stevia

FYLDET
- 6 ounce vegansk flødeost
- ⅓ kop græskarpuré
- 2 spiseskefulde creme fraiche
- ¼ kop Vegansk Heavy Cream
- 3 spiseskefulde smør
- ¼ tsk Pumpkin Pie Spice
- 25 dråber flydende stevia

INSTRUKTIONER:
a) Bland alle skorpens tørre ingredienser og rør grundigt.
b) Mos de tørre ingredienser sammen med smør og flydende stevia, indtil der dannes en dej.
c) Til dine minitærteforme skal du rulle dejen til små kugler.
d) Tryk dejen mod siden af tærteformen, indtil den når og går op ad siderne.
e) Bland alle ingredienserne til fyldet i en røreskål.
f) Blend ingredienserne til fyldningen med en stavblender.
g) Når ingredienserne til fyldet er glatte, fordeles de i skorpen og afkøles.
h) Tag den ud af køleskabet, skær den i skiver og top med flødeskum, hvis det ønskes.

88. Amaretto cheesecake tærter

Giver: 24 portioner

INGREDIENSER:
- ⅓ kop solsikkefrø eller mandler finmalet
- 8 ounces flødeost
- 1 æg
- ⅓ kop Usødet strimlet kokosnød
- 2 spsk honning
- 2 spsk Amaretto likør

INSTRUKTIONER:
a) Beklæd kopperne på to muffinsforme med papirbeklædning (et dusin hver). Bland solsikkekerner og kokos. Placer 1 teskefuld af denne blanding i hver liner.
b) Tryk ned med bagsiden af en ske for at dække bunden.
c) Forvarm ovnen til 325F.
d) For at lave fyldet, skær flødeosten i 8 blokke og blend med æg, honning og Amaretto i en foodprocessor, blender eller røreskål, indtil den er glat og cremet.
e) Læg en spiseskefuld af fyldet i hver tarteletkop og bag i 15 minutter

89. Cheesecake is

Gør: 1 pint

INGREDIENSER:
- 1 gelatineplade
- 1 kop mælk
- ½ portion flydende cheesecake
- 1 spsk creme fraiche
- ½ kop servering af Graham Crust
- ¼ kop mælkepulver
- ½ tsk kosher salt

INSTRUKTIONER:
a) Bloom gelatinen.
b) Lun en lille smule af mælken og pisk gelatinen i, så den opløses.
c) Overfør gelatineblandingen til en blender, tilsæt den resterende mælk, den flydende cheesecake, creme fraiche, grahamsskorpe, mælkepulver og salt, og purér indtil glat og jævn.
d) Hæld isbunden gennem en finmasket sigte i din ismaskine og frys efter producentens anvisninger.

90. **Cheesecake sorbet**

Giver: 8 portioner

INGREDIENSER:
- 1 kop granuleret sukker
- 2 kopper kærnemælk
- 1 tsk revet citronskal
- ¼ kop citronsaft

INSTRUKTIONER:
a) Bland alle ingredienser indtil sukkeret er opløst.
b) Hæld i 1-quart isfryser.
c) Frys i henhold til producentens anvisninger.

91. **Cheesecake is opskrift**

Giver: 6 portioner

INGREDIENSER:
- 4 ounce flødeost ved stuetemperatur 4 ounce flødeost ved stuetemperatur
- ¼ kop vand
- ¼ kop Swerve konditorer
- 1 ½ tsk ren vaniljeekstrakt
- ¼ tsk frisk citronsaft
- 10 dråber flydende stevia
- ¾ kop kraftig piskefløde

INSTRUKTIONER:
a) Pisk flødeost, vand, Swerve Confectioners, vanilje, frisk citronsaft og flydende stevia sammen, indtil det er glat i en stor skål.
b) Pisk den tunge fløde til stive toppe i en mellemstor skål.
c) Pisk ¼ af flødeskummet i flødeostblandingen, indtil det er glat. Brug en gummispatel til at folde den resterende flødeskum i ¼ ad gangen.
d) Hæld forsigtigt blandingen i en 9-tommers brødform, læg et stykke plastfolie direkte ovenpå og frys, indtil den er stivnet nok til at øse, mindst 4 timer eller op til 2 uger.

92. **Blueberry Cheesecake Ice Cream**

Gør: 12 portioner

INGREDIENSER:
- 12 oz flødeost, stuetemperatur
- ½ spsk salt
- 1 kop usødet mandelmælk, stuetemperatur
- ¼ kop mascarpone, stuetemperatur
- 2 spsk vanilje
- 1 spsk citronekstrakt eller saft
- ¼ kop creme fraiche, stuetemperatur
- 1 kop Swerve sødemiddel
- 1 kop blåbær

INSTRUKTIONER
a) Forbered og saml dine ingredienser. Hvis din model anbefaler, skal du forfryse ismaskinens blandeskål i mindst 24 timer. Flødeost, mascarpone, mandelmælk og creme fraiche skal alle have stuetemperatur.
b) Bland flødeost i en røremaskine med en pagajtilbehør, indtil det er glat. Skrabning ned i skålen med jævne mellemrum
c) Tilsæt sukker og salt, mens røremaskinen kører, og blend indtil ingredienserne er blandet og glat. Tilsæt mascarpone og blend indtil blandingen er ensartet.
d) Tilsæt langsomt mælk, vanilje, citron og creme fraiche.
e) Hæld blandingen i skålen og stil i køleskabet i mindst 2 timer eller natten over. Den skal være godt nedkølet.
f) Pulshak blåbær i en foodprocessor, eller hak dem groft med en kniv. En blanding, der er dels chunky og dels smooshed, er perfekt. Stil blåbær i køleskabet i mindst 2 timer eller natten over.
g) Følg din producents instruktioner for fremstilling af is. Modellen vi brugte kommer med en frossen skål vedhæftning, der er forfrosset i 24 timer i fryseren. Der er ikke behov for salt og is.

h) Indstil din ismaskine i henhold til producentens anvisninger og tænd den. Hæld blandingen i den frosne fryser skål og bland indtil den begynder at tykne omkring 10 til 15 minutter.
i) Tilsæt blåbær og fortsæt med at blande i yderligere 5 til 10 minutter, indtil isen begynder at fryse og har en blød cremet tekstur. Kom isen over i en lufttæt beholder og frys i et par mere, indtil den har den ønskede konsistens.
j) Når du er klar til at spise, lad isen blive blød på disken (hvis det er nødvendigt), tag den op og nyd!

93. Æble-osteis

Gør: 6

INGREDIENSER:
- 5 kogeæbler, skrællet og udkernet
- 2 kopper hytteost, delt
- 1 kop halv-og-halv, delt
- ½ kop æblesmør, delt
- ½ kop granuleret sukker, delt
- ½ tsk stødt kanel
- ¼ teskefuld stødt nelliker
- 2 æg

INSTRUKTIONER:
a) Skær æbler i ¼-tommer terninger; sæt til side. I en blender eller foodprocessor kombineres 1 kop hytteost, ½ kop halv-og-halv, ¼ kop æblesmør, ¼ kop sukker, kanel, nelliker og et æg.
b) Blend indtil glat. Hæld i en stor skål.
c) Gentag med resterende hytteost, halv og halv, æblesmør og æg. Kombiner med den tidligere purerede blanding. Rør hakkede æbler i.
d) Hæld i isdåse. Frys i ismaskinen efter producentens anvisninger.

94. Cherry Cheesecake Ice Cream

Gør: 1½ liter

INGREDIENSER:
- 3 ounce flødeost, blødgjort
- 1 (14-ounce) dåse sødet kondenseret mælk
- 2 kopper halv-og-halv
- 2 kopper piskefløde
- 1 spsk vaniljeekstrakt
- ½ tsk mandelekstrakt
- 10 ounce maraschino kirsebær, drænet og hakket

INSTRUKTIONER:
a) Pisk flødeost i en stor røreskål, indtil den er luftig.
b) Tilsæt gradvist sødet kondenseret mælk, indtil det er glat.
c) Tilsæt de resterende ingredienser; bland godt.
d) Hæld i en is-frysebeholder, og frys i henhold til producentens anvisninger.

95. **Røget laks Cheesecake**

Gør: 1 portion

INGREDIENSER:
- 12 ounce flødeost, blødgjort
- ½ pund røget laks eller Lox
- 3 æg
- ½ skalotteløg, hakket
- 2 spsk Tung creme
- 1½ tsk citronsaft
- knivspids salt
- knivspids hvid peber
- 2 spsk granuleret sukker
- ½ kop almindelig yoghurt
- ¼ kop creme fraiche
- 1 spsk citronsaft
- ¼ kop hakket purløg
- Hakket rød og gul peberfrugt

INSTRUKTIONER:
a) I en røreskål piskes osten meget blød. Purér laks i en foodprocessor til pasta; tilsæt æg et ad gangen og skalotteløg.
b) Placer lakseblandingen i skålen; bland fløde, citronsaft, salt, peber og sukker i; blandes godt. Vend til pisket flødeost.
c) Hæld i en smurt 7- eller 8-tommer springform. Placer fyldt gryde i større bradepande; omgiv mindre gryde med 1 tomme varmt vand. Bages i 25 til 30 minutter.
d) Imens laver du saucen.

96. [Kylling-chili cheesecake](#)

Giver: 8 portioner

INGREDIENSER:
- 1⅓ kop fint knuste tortillachips
- ¼ kop smør eller margarine, smeltet
- 3 (8 ounce hver) Pakker flødeost, blødgjort
- 4 æg
- 1 tsk chilipulver
- 1 tsk Worcestershire sauce
- ¼ tsk salt
- 3 spsk Hakket grønne løg
- 1½ kopper fintrevet kogt kylling
- 2 (4 ounce hver) dåser hakket grønne chili, drænet
- 1½ kop revet Monterey Jack ost
- 16 ounce creme fraiche
- 1 tsk Krydret salt
- Pynt: hakket grønne løg
- Picante sauce

INSTRUKTIONER:
a) Kombiner tortillachips og smør. Tryk på bunden og 1 tomme op ad siderne af en 9-tommer springform.
b) Stil til side Pisk flødeosten med en el-mixer ved høj hastighed, indtil den er let og luftig. Tilsæt æggene, et ad gangen, og pisk godt efter hver tilsætning. Rør chilipulver, Worcestershire-sauce, salt og hakket grønne løg i.
c) Hæld halvdelen af flødeostblandingen i den forberedte gryde. Drys med kylling, chili og Monterey Jack-ost. Hæld forsigtigt den resterende flødeostblanding ovenpå.
d) Bages ved 350 F i 10 minutter; reducer varmen til 300F, og bag i yderligere en time, eller indtil den er sat. Afkøl helt på en rist.
e) Bland cremefraiche og krydret salt. Fordel jævnt over toppen af cheesecaken. Dæk til og stil på køl i mindst 8 timer. Pynt, hvis det ønskes, og server med Picante sauce.

97. Krabbekød cheesecakes med krabbe

Gør: 4 portioner

INGREDIENSER:
- 2½ pund Kogt krabbe; plukket over, skaller reserveret
- 4 kopper vand
- 1 kop tør hvidvin
- 1 løg; hakket
- 2 gulerødder; hakket
- 1 fed hvidløg; hakket
- 2 spsk tomatpure
- 1 buket pynt; 3 persillekviste, 3 timiankviste, 1 laurbærblad og 10 peberkorn
- ½ kop piskefløde
- 6 ounce flødeost; ved stuetemperatur
- 2 æg
- ½ skalotteløg; hakket
- 1 spiseskefuld hakkede tomater; seedet
- 1 lille fed hvidløg; hakket
- 1½ tsk Frisk dild; hakket
- 1½ tsk Frisk citronsaft
- Cayennepeber pulver; at smage
- ½ kop Afkølet usaltet smør; jeg holder fast
- Kaviar; valgfri

INSTRUKTIONER:
TIL SAUSEN
a) Forvarm ovnen til 350 grader. Knæk krabben og fjern kødet fra skallerne. Dæk og afkøl kødet, indtil det skal bruges.
b) Læg krabbeskallerne i en bradepande og rist indtil aromatiske. Cirka 20 minutter. Overfør skallerne til en tung, stor gryde.
c) Bland vand, vin, løg, gulerødder, hvidløg, tomatpuré og bouquetpynt i og bring det i kog. Reducer varmen og lad det simre, indtil væsken er reduceret til ½ kop, og rør af og til i cirka 1½ time. Stamme.

d) Tilsæt fløden til kogevæsken og lad det simre, indtil det er reduceret til ¾ kop, og rør af og til i cirka 10 minutter.
e) Dæk til og afkøl.

TIL OSTEKAGERNE
f) Smør fire ⅔ kop souffléretter. Brug en elektrisk mixer, pisk flødeosten i en mellemstor skål, indtil den er luftig. Pisk æggene i. Bland skalotteløg, tomat, hvidløg, dild og citronsaft i. Rør krabbekødet i. Smag til med salt, peber og cayennepeber.
g) Fordel blandingen mellem retterne. Bages indtil centrene er sat, cirka 30 minutter. Afkøl let.

AT FÆRDIGGØRE
h) Kør en skarp kniv rundt om siderne af kopperne for at løsne cheesecakes. Vend 1 på hver plade. Bring saucen i kog.
i) Tilsæt gradvist smørret og pisk indtil det er smeltet. Smag til med salt, peber og cayennepeber. Hæld saucen over cheesecakesene. Pynt med kaviar, hvis det ønskes.

98. Daiquiri cheesecake

Giver: 12 portioner

INGREDIENSER:
- 1½ pakke Graham kiks, knust
- 6 Smør, smeltet
- 24 ounce flødeost, blødgjort
- 5 Jumboæg, adskilt
- ⅔ kop sukker
- 2 konvolutter gelatine
- ½ kop lys rom
- ⅓ kop sukker
- ⅔ kop Frisk limesaft
- 1½ tsk Friskrevet limeskal
- 1½ tsk Friskrevet citronskal
- 1 pint piskefløde
- ½ kop pulveriseret sukker

INSTRUKTIONER:
a) Bland ingredienserne til skorpen og dup dem i bunden af springformen. Bages ved 350 ~ F i 10 minutter. Blødgør gelatine i en lille gryde med ¾ kop vand.
b) Rør æggeblommer i sukker. Tilsæt til gelatineblandingen med limesaft, rom og svær og kog over med. varme. under konstant omrøring, indtil blandingen tykner og bobler. Fedt nok.
c) Pisk osten i en stor skål, indtil den er let og luftig. Tilsæt langsomt gelatineblandingen og blend godt.
d) Pisk æggehvider, indtil der dannes bløde toppe. Tilsæt pulveriseret sukker og fortsæt med at piske, indtil der dannes stive toppe. Vend i osteblandingen.
e) Pisk fløde og vend i osteblandingen.
f) Hæld i skorpen og stil på køl i flere timer eller natten over.

99. Pina colada cheesecake

Gør: 1 portion

INGREDIENSER:
- Kokosskorpe
- 2 kuverter med gelatine uden smag
- Sukker
- 1 dåse (6 ounce) ananasjuice
- 3 æg, adskilt
- 3 pakker (8 ounce hver) flødeost, blødgjort
- ¼ kop mørk jamaicansk rom
- ¼ tsk kokosekstrakt
- 1 dåse (20 ounce) knust ananas
- 1 spsk majsstivelse

INSTRUKTIONER:

a) Forbered kokosskorpe (se nedenfor). Bland gelatine og ½ kop sukker i en gryde. Tilsæt ananasjuice. Stå i 1 minut. Varm op ved lav temperatur, indtil gelatinen er opløst (5 minutter). Fjern fra varmen.

b) Tilsæt blommer, en ad gangen pisk godt efter hver. Afkøl let. Pisk flødeost til det er luftigt.

c) Blend en gelatineblanding med rom og kokosekstrakt.

d) Afkøl hurtigt ved at sætte blandingen over en skål med isvand; rør til det er lidt tyknet. Pisk æggehvider til skum.

e) Tilsæt gradvist ¼ kop sukker, indtil der dannes stive toppe. Fold i gelatine. Vend til forberedt skorpe. Stil på køl natten over.

f) I en gryde kombineres udrænet ananas med 2 spiseskefulde sukker og majsstivelse. Kog under omrøring, indtil det koger og tykner. Fedt nok. Hæld over cheesecake. Serverer 8 til 10.

g) Kokosskorpe Bland 1½ kopper vaniljewaferkrummer med 1 kop kokosflager. Rør ⅓ kop smeltet smør i. Tryk i bunden og siderne af den 8 eller 9-tommer springform. Chill indtil klar til brug.

100. Kahlua og fløde cheesecake

Gør: 1 portion

INGREDIENSER:
- 2 kopper hård chokolade Cookie Crumbs, smuldret
- ½ kop smør
- 3 spiseskefulde sukker
- 3 (8 ounce) pakker flødeost, blødgjort
- 2 kopper sukker
- 3 æg
- ½ kop Kahlua
- 1 tsk vanilje
- 1 kop creme fraiche

GLASUR
- 1 kop konditorsukker
- ¾ kop creme fraiche
- 3 spiseskefulde Kahlua
- Flødeskum til pynt

INSTRUKTIONER:
SKORPE
a) Bland skorpeblandingen og tryk i en springform.
b) Kog i 5 minutter ved 350 grader. Lad afkøle.

FYLDNING:
c) Bland et trin ad gangen med en elektrisk mixer. Hæld i tærtebund. Bages i 55 til 60 minutter ved 350 grader. Lad stå i ovnen i 1 time med ovndøren åben.
d) Fjern og stil på køl, indtil den er afkølet. Forbered glasur. Sørg for, at konsistensen let kan hældes.
e) Fordel ovenpå og stil på køl i 6 timer. Server med flødeskum.

KONKLUSION

Vi håber, du har nydt at udforske verden af no-bage cheesecakes med os. Fra klassiske smagsvarianter til unikke kombinationer, vi har givet dig 100 lækre og nemme at lave opskrifter for at tilfredsstille din søde tand.

Husk, at no-bage cheesecakes er en alsidig dessert, som kan nydes når som helst på året. Uanset om du fejrer en særlig lejlighed eller blot ønsker at forkæle dig selv, vil disse cheesecake-opskrifter helt sikkert imponere.

Vi opfordrer dig til at eksperimentere med forskellige smagskombinationer og dekorationsteknikker for at gøre disse cheesecakes til dine egne. Og vigtigst af alt, hav det sjovt i køkkenet!

Tak fordi du var med på denne søde rejse. Vi håber, at Ingen bagning ostekager-kogebogen har inspireret dig til at skabe nye og varige minder med familie og venner over et stykke lækker cheesecake.

Ingram Content Group UK Ltd.
Milton Keynes UK
UKHW021149220623
423869UK00009B/44